suhrkamp taschenbuch 1722

Reinhold Schneider
Gesammelte Werke
*Im Auftrag der
Reinhold Schneider-Gesellschaft
herausgegeben von
Edwin Maria Landau*

Vierter Band

Reinhold Schneider, geb. 1903 in Baden-Baden, gest. 1958 in Freiburg/Breisgau, lebte zunächst als kaufmännischer Übersetzer in Dresden. Unter dem Eindruck des spanischen Existenz-Philosophen Miguel de Unamuno unternahm er zwei längere Reisen nach Portugal und Spanien, wo er seine ersten frühen Hauptwerke als historiographischer Schriftsteller konzipierte (*Camões. Philipp II.*). 1933 bis 1937 arbeitete er als freier Schriftsteller in Potsdam und ab 1938 in Freiburg/Brsg. Gegen Ende des Krieges wurde Schneider, der den Nationalsozialismus aus einer in schwerer Zeit errungenen christlich-humanistischen Position heraus verwarf, wegen Hochverrats angeklagt. 1956 wurde ihm der Friedenspreis des Deutschen Buchhandels verliehen.

Reinhold Schneider hat in seinen Arbeitsnotizen vom »Gewissen des Abendlandes« gesprochen, dessen »Sprecher Las Casas« sei. Las Casas (1474–1566), der leidenschaftliche Streiter für die Gleichberechtigung der Indios in den amerikanischen Kolonien gegen die mit seinem Missionsauftrag unvereinbare Ausbeutung und den Völkermord durch die spanischen Eroberer, schifft sich nach Spanien ein, wo er den Kaiser für einen grundsätzlichen Wandel in der Kolonialpolitik gewinnen will. Sein Reisegefährte Bernardino de Lares, der heimkehrende Konquistador, bestärkt Las Casas darin, die Zustände in den Kolonien zu bekämpfen. In der großen, historisch belegten Disputation vor Karl V. tritt Bernardino, seelisch und körperlich gebrochen, als Zeuge für Las Casas auf. In seinem triumphlosen Sieg erreicht Las Casas, daß der Kaiser die »Neuen Gesetze« verkündet, und nimmt die schwere Mission an, sie als Bischof in Mexiko zu verbreiten.

Von Reinhold Schneider liegen im *suhrkamp taschenbuch* vor: *Portugal* (st 1073), *Philipp der Zweite oder Religion und Macht* (st 1412), *Das Inselreich* (st 1413), *Erzählungen*, Band 1 (st 1416), *Gedichte* (st 1418), *Dem lebendigen Geist* (st 1419), *Schwert und Friede* (st 1421).

Reinhold Schneider
Las Casas vor Karl V.

Szenen aus der
Konquistadorenzeit

Mit einem Nachwort von
Edwin M. Landau

Suhrkamp

Der Text folgt der Ausgabe Reinhold Schneider, Gesammelte Werke,
Insel Verlag, Frankfurt am Main 1977–1982, Band 3
Umschlag: Caspar David Friedrich, Das Segelschiff. Dresden,
Staatliche Kunstsammlungen

suhrkamp taschenbuch 1722
Erste Auflage 1990
© Insel Verlag Leipzig und Wiesbaden 1952
Lizenzausgabe mit freundlicher Genehmigung des Insel Verlags,
Frankfurt am Main
Suhrkamp Taschenbuch Verlag
Alle Rechte vorbehalten, insbesondere das
des öffentlichen Vortrags, der Übertragung
durch Rundfunk und Fernsehen
sowie der Übersetzung, auch einzelner Teile.
Druck: Nomos Verlagsgesellschaft, Baden-Baden
Printed in Germany
Umschlag nach Entwürfen von
Willy Fleckhaus und Rolf Staudt

1 2 3 4 5 6 – 95 94 93 92 91 90

Christen, dieser ist der Zeuge,
der vor künftigen Geschlechtern
meine Rechtlichkeit bezeugt.

CALDERON

ERSTES KAPITEL

Schon lange Jahre waren vergangen, seit der eigenmächtige Cortez bei Nacht das Schiff bestiegen, das ihn gegen den Willen seines Vorgesetzten in das Aztekenreich hinübertragen sollte; wohl umleuchtete der gewonnene Ruhm noch immer den Namen des Eroberers, aber seine Macht hatte er nur flüchtig besessen. Bald sollte er von Tetzcoco, am östlichen Ufer des Sees von Mexiko, verbittert nach der Hauptstadt hinüberschauen, wo andere das von ihm erbeutete Reich Montezumas verwalteten; und als er, dessen Stolz und Hitze nur um so leidenschaftlicher wurden, je deutlicher er fühlte, daß seine große Stunde um war, des Streites mit der Regierung müde wurde, bezog er seinen von Dienern wimmelnden Palast in Cuernavaca, am südlichen Hange des Gebirges. Dort mochte er dann und wann im Kreise der Seinen einen guten Tag erleben, wenn er die Pflanzungen durchwanderte, die unter seiner Obhut gediehen, oder vergewaltigte Aztekenfürsten, die den Sieger um seiner Gerechtigkeit willen verehrten, ihn um seinen Beistand baten. Mit verzehrender Ungeduld sann er dem Weg der Schiffe nach, die er ausgesandt hatte, das noch immer nicht gefundene Dorado des Nordens zu suchen, nachdem das Goldland des Südens schon fast ausgeraubt war; er hoffte durch eine zweite Gabe, die nicht weniger kostbar sein sollte als die bereits vergebene, sich für empfangenen Undank zu rächen. Aber nur wenige Schiffe kamen zurück, und wenn er auch unbedenklich die Schätze wieder opferte, die er ebenso unbedenklich zusammengerafft hatte, so nahm doch das Glück keinen Sold von ihm an. Über die Bitterkeit half er sich mit der Erinnerung an das Geschehene und Geleistete hinweg; ja, er konnte mit offenem Lachen zugeben, daß er

7

auf der ersten Fahrt nach Mexiko des Königs Warenlager und Schiffe geplündert und gewissermaßen als Dieb begonnen hatte, um danach der spanischen Krone den gestohlenen Proviant mit Gold aufzuwiegen. Freilich trug er Sorge, daß die Nachwelt seine Taten in dem Lichte sähe, das ihm beliebte; oft rief er mitten in seinen Geschäften oder am Abend seinen geistlichen Geschichtsschreiber ins Zimmer; den Blick auf die gewaltigen Berge des eroberten Landes richtend, sagte er dem Chronisten mit erzener Bestimmtheit den Bericht seines Lebens an, den mit dem wahrhaft Geschehenen zu vergleichen nur wenige Zeitgenossen und Nachfahren sich veranlaßt fühlen sollten. So machte er noch einmal Geschichte, ebenso rücksichtslos, wie er sie zuvor mit dem Schwerte gemacht hatte; aber Sorgen um seinen gefährdeten Besitz und gekränkter Ehrgeiz ließen ihm keine Ruhe; er verließ sein junges, aus edelstem spanischen Hause stammendes Weib, sein Haus und sein Fürstentum und reiste in Begleitung seines Erstgeborenen nach Spanien, an den Hof des Kaisers.

Was er dort erreichte, wurde nicht bekannt; es hieß, daß der Monarch ihn mit großen Ehren empfangen habe, aber doch nicht beabsichtige, den Eroberer, gegen den er ein tiefes Mißtrauen hege und auf dessen Treue auch manche Gerüchte einen Schatten zu werfen suchten, in Besitz entzogener Rechte zu setzen. Dann wieder hieß es, der Marqués, wie Cortez im ganzen Lande genannt wurde, habe den Kaiser auf seinem afrikanischen Feldzug begleitet; er und sein Sohn hätten sich an der Küste Algeriens schwimmend aus dem Schiffbruch gerettet, doch seien die berühmten, auf das kunstreichste geschnittenen Juwelen Montezumas, die der Eroberer als seinen höchsten, viel geneideten Schatz mit sich zu führen pflegte, in den Fluten versunken.

Aber dies alles klang schon wie eine Sage verschollener Zeiten, Leben und Wirken des vor kurzem noch mächtigsten Mannes waren wieder gleichgültig geworden; galt doch *der* nur etwas, der auf dem Gipfel stand und für die wenigen Augenblicke seines Triumphes sein vergangenes Leben schon geopfert hatte und sein künftiges noch opfern sollte. Die Sinne der Menschen, die sich aus der Enge altspanischer Städte oder der steinernen Trostlosigkeit der Estremadura in die Abenteuer der Neuen Welt hatten hinüberreißen lassen, waren längst abgestumpft; auf der Dorfstraße oder der lichtarmen Gasse hatten sie für viele Tage Gesprächsstoff gefunden, wenn einmal ein Soldat mit einem afrikanischen oder indianischen Sklaven hindurchgewandert war oder ihnen von den unermeßlichen Schätzen erzählte, die jenseits des Meeres im Besitze der Heiden und Menschenfresser der christlichen Eroberer harrten; und wenn der Erzähler dann gar ein noch so armseliges Klümpchen Goldes aus seinem zerschlissenen Rock hervorkramte, so konnten sich die gierigen Augen der Zuhörer nicht daran sättigen. Hier indessen, in dem Lande, nach dem die Auswanderer mehr als nach dem Paradiese getrachtet hatten, zogen die ungeheuersten Bilder an ihren Augen vorüber wie Wolken, deren nichtiges Formenspiel den Menschen ja nur noch selten einen Ausruf des Erstaunens entlockt; und so konnte der merkwürdige Auftritt, der sich eines Tages im Hafen von Verakruz kurz vor der Abfahrt der nach Spanien zurückkehrenden Flotte abspielte, nur wenig Beachtung finden. Das Gedränge auf dem Landeplatz war das übliche; Schiffsjungen rollten unter der glühenden Sonne die Wasserfässer in die Barken, während halbnackte Eingeborene unter überschweren Lasten herankeuchten; Aufseher schrien und schlugen auf die Lastträger ein, unter dem Schutze abenteuerlich wild aussehender Soldaten wurden eisenbeschlagene Truhen verladen, Ausreisende trennten sich von ihren Angehörigen und Freunden, und da und dort hockten kranke und zerlumpte Spanier auf den Steinen und sahen mit sehnsüchtigen Blicken den schwankenden, von Eingeborenen geruderten Barken oder den in die Segler hinaufsteigenden Fahrgästen nach. Da näherte sich ein Menschenknäuel den Schiffen, aus dessen Mitte ein Dominikanermönch ragte; ein Indio, der sich

9

durch seine helle Hautfarbe und seinen Bau von den Azteken unterschied und von einer der Antillen stammen mochte, ging neben dem Pater und trug dessen Habe. Hinter den beiden wälzte sich ein bunter Haufe Eingeborener her, Männer und scheue, schlanke Jünglinge, die sich an die Kutte des Mönches drückten und zu ihm aufsahen, Frauen, die Kinder auf den Armen trugen und den Abreisenden immer aufs neue um seinen Segen baten. Der Pater blieb stehen, und sofort wich der Haufe zurück, empfindlich wie eine jener exotischen Blüten, die sich bei leiser Berührung, ja schon unter der Gefahr einer Berührung schließen. Doch der Mönch sah, daß viele seiner Begleiter bunte Sträuße aus Federn trugen; aus den Federn waren auf kunstvolle Weise wundersame Blüten gebildet, und wer den Isthmus und das Aztekenreich durchwandert hatte, mußte erkennen, daß die Federn von den seltensten Vögeln stammten und zum Teil aus weitentlegenen Landstrichen kamen. Ein Weib entfaltete einen Federmantel, der in den herrlichsten Farben gleißte und schimmerte; die Geberin wagte kein Wort, sie sah den Geistlichen nur flehentlich mit den dunklen Augen an, die, wie die Augen aller ihrer Stammesgenossen, von untergründigen Tränenfluten zu glänzen schienen. »Nimm das nur alles, Comacho«, sagte der Pater zu seinem Begleiter in dessen Sprache, »und gib mir dafür mein Bündel!« Comacho ließ sich von den jubelnden Eingeborenen beladen, während der Mönch sich noch einmal über die Kinder beugte und ihnen die Hand auf das glänzende Haar legte.

Ob der Vater Las Casas seine Familie auch noch mit aufs Schiff nehmen wolle, fragte einer der Matrosen, die darauf zu achten hatten, daß kein Unberechtigter auf die Barken gelangte. Ein reichgekleideter spanischer Pflanzer, der sich zum Zeitvertreib von zwei Eingeborenen in einer Hängematte vorübertragen ließ, fügte in scharfem Spanisch den Wunsch hinzu, daß der Pater mitsamt seinem Schiffe auf dem Grunde des Meeres ankommen möge; es wäre wohl einen Schiffsuntergang wert, daß dieser Unruhestifter endlich aus der

Welt käme. Die Worte wurden so laut gesprochen, daß Las Casas sie hören konnte; und offenbar, um den Dominikaner noch mehr zu reizen, versetzte der Sprecher dem Sklaven, der mit einem schattenspendenden Schirm aus Palmblättern neben der Hängematte herlief, einen heftigen Stockschlag. Nichtsnutziger als dieses nichtsnutzige Volk, das nicht einmal tauge, einen Christen vor der Sonne zu schützen, seien doch beim Himmel diejenigen, die diese Faulenzer freimachen wollten, rief der Spanier zurück, indem er zwischen den Köpfen der Menge dahinschaukelte. Die Glut des Zornes schoß in das Gesicht des Paters; aber seine Schützlinge umdrängten ihn nun unter lautem Weinen; er umarmte zwei Männer, die vornehmer Abkunft zu sein schienen, freilich in ebenso schlechte Fetzen gekleidet waren wie die übrigen, und segnete die Frauen. »Ich komme gewiß wieder«, sagte er mit fester Stimme, »und ich verspreche euch, es wird euch geholfen werden. Es gibt einen gerechten Gott im Himmel; an den müßt ihr glauben; und auf Erden gibt es einen gerechten, gottesfürchtigen Kaiser, zu dem will ich gehen, um ihm zu sagen, daß er euch gegen die Tyrannen schützen soll.« Damit stieg er rasch ins Boot, einen Matrosen anherrschend, der Comacho unter seiner bunten Last nicht einlassen wollte.

Während der treue Helfer sich im Schiffsraum zu schaffen machte, blieb Las Casas an Deck; das Schleppen und Laufen angstgepeinigter Sklaven wurde hastiger, je näher der Augenblick der Abfahrt rückte. Endlich löste sich die Flotte aus dem Hafen; als das Schiff des Las Casas sich freimachte, sprang der Mönch auf einen vor ihm liegenden Warensack. Er reckte den kräftigen Arm und machte in der Richtung der verlassenen Herde das Kreuzeszeichen, so als könne er die Zurückgebliebenen dadurch mächtigem Schutz unterstellen; die Gesegneten sanken auf die Knie und machten das Zeichen ehrfürchtig nach, und nun schien sich die Bewegung auch des Paters zu bemächtigen, als er sah, daß nicht nur die Getauften in ihren fadenscheinigen wollenen Mänteln, sondern auch die halbnackten Ungetauften, denen er die Taufe nicht hatte spenden dürfen, weil er nicht Zeit hatte, sie zu belehren, sich ernsthaft bekreuzigten. Er wußte, daß im nächsten Augenblick die spanischen Soldaten über seine Schützlinge herfallen und sie auseinanderjagen oder ihnen Schlimmeres antun würden; und um seinen Feinden wenigstens den Anreiz zu dieser letzten Beleidigung zu nehmen, kehrte er sich schnell ab und stieg in den Schiffsraum hinunter.

Dort war es Comacho gelungen, seinem Herrn einen Platz unter einer Luke zu sichern, während die übrigen Fahrgäste sich mit ihren schweren Kästen und Körben um Zugang und Raum stritten; auch hatte Comacho eine Kiste als Tisch herangerückt und auf dieser Stöße beschriebenen Papiers aufgeschichtet. Las Casas setzte sich auf die an der Schiffswand hinlaufende Bank, Comacho wollte sich zu seinen Füßen niederhocken. Doch der Mönch wehrte ab: »Du weißt doch, Comacho, neben mir sollst du sitzen!« Der Angeredete gehorchte und saß nun still neben dem lesenden und bald schreibenden Pater; er begann Federn zu schneiden, worin er eine große Fertigkeit zu haben schien, oder er heftete beschriebene Blätter zusammen; auch die Sorge um den Mundvorrat war ihm anvertraut, und er ordnete alles zur gewohnten Stunde, ohne daß ein Wort zwischen den beiden gefallen wäre. Das Licht wich früh aus dem auch zur Mittagszeit nur halbhellen Raum, und die Laterne, die ein Matrose an die Balken hing, tanzte und flackerte; das Schiff gewann die offene See und trieb unter mäßigem Winde fort, noch in festen Abständen begleitet von den andern Fahrzeugen der Flotte. Gegen Abend nahm der Nachbar des Paters seinen Platz ein, den bisher ein Bedienter besetzt gehalten; er ging höflich grüßend vorüber; Las Casas blickte auf und sah in das gelbliche Gesicht eines Edelmannes, durch dessen schwarzen Bart schon graue Fäden liefen. Der Pater dankte nur kurz; es war nicht seine Gewohnheit, weltlichen Herren eine sonderliche Höflichkeit zu bezeigen.

Die Nacht war ruhig, und am andern Tage schimmerte die

Küste Yukatans fern und einsam im überhellen Licht, so wie sie den Entdeckern des Festlandes erscheinen sein mochte, die dort längst wieder zerronnene Schätze zusammengerafft hatten; es war, als sei die Küste nie betreten worden, als hätte sie die Geheimnisse ihrer steinernen Tempelstädte noch nicht eingebüßt. Aber Comacho zupfte den Mönch am Ärmel und wies auf dunkle Fischleiber, die in flachem Bogen sich aus den Wellen hoben und wieder in diesen verschwanden. »Die Delphine«, sagte Las Casas; »es wird ihnen unbehaglich unten, das Meer ist aufgewühlt, und bald wird die Unruhe der Tiefe heraufkochen und das Schiff tanzen lassen. Wann wäre ich auch je um Yukatan herum und hinüber nach Kuba gekommen, ohne einen Sturm zu bestehen!« Damit nahm er seine Arbeit wieder auf; er sichtete Briefe und Dokumente fremder Hand, versah sie mit Bemerkungen oder machte sich Auszüge in seiner häufig absetzenden, an leidenschaftlich geschwungenen Kurven und spitzen Winkeln reichen Schrift, die wie ein Holzschnitt auf dem Blatte stand. Oft liefen dabei Zorn und Erbitterung über seine Züge; er glich einem Richter, der eine Anklageschrift vorbereitet und über der Durchsicht des Materials erst das ganze Ausmaß der Schuld ermißt. Aber der Zorn wich bald wieder einem tiefen Stöhnen und dem Ausdruck schneidenden Schmerzes auf dem vieldurchfurchten Gesicht; in solchen Augenblicken schmiegte sich Comacho an die Kutte seines Herrn, als wolle er diesen beschwichtigen oder ihn von den Blättern ablenken, deren Inhalt er freilich nicht entziffern, sondern nur mitempfinden konnte.

Erst unter dem Lampenlicht hörte Las Casas auf. Sein Nachbar hatte ihn seit langem beobachtet, ohne ihn stören zu wollen, nun redete er ihn höflich an: er sei der Ritter Bernardino de Lares aus Valladolid und habe mit Erstaunen gehört, daß er den Pater Las Casas zum Nachbarn habe; fast wolle er es eine Fügung nennen, daß er dem vielgenannten Manne nun doch begegnen sollte, und zwar in dem Augenblick, da er für immer die Neuen Indien verlasse, um nach Spanien zurückzukehren. Es sei freilich sonderbar, daß sie einander nicht früher getroffen hätten; aber, setzte er mit einem gedankenvollen Lächeln hinzu, vielleicht sei es auch ein Glück für ihn, daß er erst jetzt den Pater kennenlerne. Denn drüben, auf dem Lande und den Inseln, hätte wohl vieles zwischen ihnen gestanden; doch das Leben, das er dort geführt, sei zu Ende; und so könne er dem Vater Las Casas frei und ehrlich sagen, wie sehr er seinen Mut immer bewundert habe. – Um Bewunderung sei es ihm nicht zu tun, erwiderte dieser mürrisch, sondern nur darum, daß man das klare Recht befolge, dem er diene, und ihm helfe, das Unrecht auszurotten, wo immer es anzutreffen sei. – Über das Gesicht des Ritters lief ein Schatten; er wandte sich ab, und es schien, als sollte das Gespräch der beiden Männer keine Fortsetzung finden.

Denn die See wurde unruhiger, je näher sie der Yukatan-Straße kamen. Noch hatten die Schiffe der Spanienflotte einander nicht aus der Sicht verloren; auch nachts waren die unstet auf dem Wasser tanzenden, bald auslöschenden, bald wieder aufblinkenden Sterne der Schiffslaternen zu erkennen. Da fuhr mit einem Male ein gewaltiger Sturm zwischen sie; es war ungewiß, welches Schicksal die Gefährten getroffen hatte. Bald danach klaffte der Himmel auf, als sollte ein Feuermeer niederstürzen, und pausenlos, gleich dem Erguß des Feuers, hallte der Donner über die See wie vom Einbrechen grenzenloser Räume, deren Gewölbebogen von Pfeiler zu Pfeiler niederkrachten. Regenfluten überspülten die Planken und schäumten in alle Kammern hinab, während die Winde von allen Seiten gegeneinander ankämpften und das Fahrzeug sich zuwarfen oder entrissen; Feuer und Wasser schienen zugleich das Schiff verzehren und verschlingen zu wollen. Einen Tag und eine Nacht schwebten so die Menschen gewissermaßen außerhalb der bekannten Welt, im Banne einer andern, noch furchtbarern; Kolumbus mochte auf seiner letzten glücklosen Reise als ein gebrochener Mann solche Stunden durchbangt und die Mahnung des ewigen Richters in

14

ihnen vernommen haben. Die Fahrgäste lagen krank in dem stickigen Schiffsraum, in dem das Wasser bei einer jeden Bewegung auf und nieder schwappte; ihre fiebrigen Augen waren es müde, zusammenzuschrecken; sie starrten entsetzt oder ergebungsvoll in den jagenden Flammenschein, der ihnen die Allgewalt ewiger Mächte vergegenwärtigte. Endlich verzuckten die Blitze, schwieg der Donner, aber Meer und Sturm tobten noch fort; in diesen Tagen war der Dominikaner kaum an seinen Platz zurückgekehrt, es hieß, er habe einem sterbenden Hauptmann, der unter Cortez gefochten, den letzten Beistand geleistet und dann den Toten ins Meer senken lassen, das freilich dem weit umhergetriebenen Kriegsmann keine Ruhe versprach. Als der Knecht Bernardinos dies erzählte, rief ein Weib: »Gott gnade der Seele, die in solcher Nacht ihren Weg antreten muß in die Ewigkeit! Gott gnade dem Leibe, der auf der See treibt und nicht ruhen darf!« Der Ritter sah schweigend, unter furchtbaren Kälteschauern, an die tropfende Decke. Dann wieder berichtete der Knecht, der Mönch stehe neben dem Steuermann; er kenne Meer und Klippen besser als dieser. Zwar habe sich der Steuermann zuerst über den unerbetenen Rat ergrimmt; doch plötzlich sei aus einem tiefen Wellentale ein Riff in so bedrohlicher Nähe vor dem Schiff emporgewachsen, daß der Seemann mit einem gellen Angstschrei den Pater angerufen habe; dieser habe mit kräftigen Armen das Rad ergriffen und es während mehrerer Stunden nicht mehr losgelassen, bis die geheimnisvollen Gischtkronen, die da und dort auf der Flut schwammen und wieder verschwanden, umfahren waren. Selbst der Kapitän habe für den Augenblick der Gefahr diese Hilfe nicht ungern gesehen. Bernardino de Lares war von den Folgen des Unwetters heftiger angegriffen worden als die andern Fahrgäste. Er lag noch immer auf seiner Bank unter Decken und Mänteln, die seinen erschöpften Körper offenbar nicht erwärmen konnten; seine Blicke waren fest auf seine schweren eisenbeschlagenen Gepäckstücke geheftet, die der Knecht nach seiner Anweisung so aufgestapelt hatte, daß ihr Herr sie leicht mit den Augen überwachen konnte.

Das Schiff legte in Habana an, um vor der Einfahrt in die Florida-Straße Proviant und Wasser aufzunehmen; zwei Schiffe der Flotte lagen ruhebedürftig im Hafen; von den andern fehlte jede Spur, und die Wetterzeichen waren nicht die besten, als die Anker wieder gelichtet wurden. Die Passagiere in dem qualmerfüllten Raum hörten nicht auf, von dem Dominikaner zu sprechen, der nach der Meinung einiger das schlecht gerüstete Fahrzeug gerettet habe; das Schiff sei ungenügend befrachtet, habe er dem Kapitän vorgehalten; Gold allein, soviel man dessen auch den Eingeborenen abpresse, reiche freilich als Ladung nicht aus, und andere Güter aus den Neuen Indien mitzunehmen, gebe man sich ja wenig Mühe. Auch auf Kuba habe sich, wie überall, wohin der Pater komme, die Nachricht von seiner Ankunft mit erstaunlicher Schnelligkeit unter den Einheimischen verbreitet; die Indios seien zusammengelaufen; selbst diejenigen, die in den Minen arbeiteten, hätten sich ihren Aufsehern entzogen, ungeachtet der schweren Strafen, die ihnen sicher wären. Es seien viele Schützlinge, wohl auch Täuflinge des Mönches darunter gewesen, die mit unaussprechlicher Freude, ja mit Begierde seinen Segen empfingen; doch habe Las Casas die Namen vieler genannt, auf die sie nur eine traurige Antwort wußten, so daß er in Zorn und Schmerz geschieden sei. Der Mönch müsse doch ein heiliger Mann sein, meinte ein Kaufmann, der Weizenmehl und Wein herübergeschafft hatte und mit voller Geldkatze wieder heimfuhr, ohne sich sonderlich um die Zustände in den Kolonien gekümmert zu haben; doch zwei Pflanzer fuhren heftig dazwischen: Er sei der größte Störenfried, der je nach den Indien gekommen sei; wenn er erreicht hätte, was er immer gewollt und angekündigt, so wäre die ganze Ordnung auf Inseln und Festland umgestoßen worden, und die Spanier könnten als Bettler heimziehen – oder Dienst nehmen bei den Wilden.

Da wurde die Mönchskutte sichtbar über der geöffneten Luke, über die der Wind brauste; Las Casas stieg herab; als er unter der matten Lampe ging, schien sein Gesicht verfallen. Er wollte sich an seinen Platz begeben, wo Comacho unbeweglich saß, da fiel sein Blick auf den liegenden Ritter, und er blieb stehen, beugte sich über den Kranken und betrachtete ihn lange. Er müsse sehr krank gewesen sein, sagte der Mönch leise zu Bernardino. Es sei lächerlich, antwortete dieser, so viele Seereisen habe er gemacht, und auf einmal vertrage er sie nicht mehr. Es sei Zeit, daß er heimkomme und sein Erworbenes verzehre; sonst könnte es leicht zu spät werden, in Spanien das Leben anzufangen, nach dem er so lange getrachtet habe. Aber das letzte Gewitter habe ihn um und um gewühlt; er komme sich noch immer wie ein Sterbender vor. Las Casas hob die kleine Laterne auf, die neben dem Edelmann stand, und leuchtete ihm in Gesicht und Augen: »Es ist einmal Gift in deinen Körper gekommen von den schweren Giften, die auf dem südlichen Festland, in Darien und Neugranada, in den Pflanzen brauen.« – »Das liegt sehr weit zurück«, sagte der Ritter kurz. – »Ja, aber es kommt wieder; es ist noch nicht überwunden.« – »Wir waren unter den ersten, die auf dem Festland streiften«, erzählte der Kranke, »aber es war damals schwerer als heute. Die Wilden waren geflohen, wir fanden keine Krume und schleppten uns in einem Gebirgstal fort, in das uns der Teufel gelockt hatte. Umkehren wollten wir nicht; wir meinten, es müsse doch ein Ende nehmen, aber es nahm keines. Da fiel ein Kamerad auf die Hände und kroch auf allen vieren fort; lachen konnten wir nicht mehr, bald taten wir es ihm nach. So kamen wir wie die Katzen an einen Hang, auf dem ein paar elende Kräuter standen; wir fraßen sie ab, ohne uns zu besinnen. Nur wenige sollten es noch erfahren, wie nahe wir dort dem Dorfe und der Rettung gewesen sind.« – Auf der freien Schulter des Ritters, nahe dem Halse, war ein roter Fleck sichtbar. »Eine Narbe«, sagte Las Casas. – »Nicht die einzige an meinem Leibe.« – »Aber

du mußt die Wunde von oben empfangen haben; wie sollte
ein Pfeil sonst an dieser Stelle eingedrungen sein.« Bernardino
wollte antworten; als er aber in die Augen des seelenkundigen
Mannes schaute, verstummte er. »Nicht so«, sagte der Mönch
fest, doch ohne Härte, »du mußt die Wahrheit sagen, wenn du
gesund werden willst.« Eine Weile blieb der Geistliche neben
dem Kranken wartend stehen; Bernardino hatte sich abge-
kehrt und sprach nicht mehr. Endlich fiel der Mönch auf die
Knie, um lange neben dem Fiebernden zu beten. Das Schiff
rollte scheinbar machtlos durch die Wellen, während der Pater mit tief gesenktem Gesicht unbeweglich verharrte.

Las Casas betete nun häufiger und inbrünstiger, oft seine Arbeit unvermittelt abbrechend und seinen Kopf über den ausgebreiteten Papieren auf die gefalteten Hände stützend; er
sah wohl nach dem Kranken, doch sprach er ihn nicht an. Als
er einmal wieder an ihm vorüberwollte, fragte ihn der Ritter,
wie lange er noch bis zu den Kanarischen Inseln rechne. Es
könne wohl gut drei Wochen dauern, war die Antwort; das
Schiff sei vom Kurs abgekommen, auch die übrigen Fahrzeuge seien wieder nicht mehr zu sehen, niemand könne wissen,
wohin Gott sie führe und wie lange er sie in der Gefahr halten
wolle. Der Ritter stöhnte über das untätige Warten, währenddessen niemand genesen könne. »Es ist gute Zeit«, erwiderte
Las Casas, »im Handeln werden wir nicht gesund; wir müssen
vielmehr gesund sein, wenn wir handeln wollen. Ich habe
bisher so gut wie nichts erreicht; und auch dies wenige hätte
ich verfehlt, wenn ich nicht so lange hätte warten müssen auf
meinen Fahrten. Wir sind überall in Gottes Hand, aber erst
auf der See spüren wir ganz, wie sehr wir es sind. Dann stehen
wir täglich an der Grenze; und was wir versäumt haben, wird
nun erst zu unserer Last und unserm Kreuz.« – »Ich denke
viel nach über mein Leben«, begann der Ritter wieder, nachdem er den Pater gebeten hatte, sich neben ihn auf eine Kiste
zu setzen, »es ist mir, als sei ich plötzlich auf einen Berg ver-

setzt worden und sähe hinab auf das, was ich getan habe und was ich gewesen bin; als sähe ich mich selbst dort unten auf Wegen gehen, die noch einmal zu betreten mir über Nacht unmöglich geworden ist. Manches von dem, was du gesagt und geschrieben hast, ist mir an die Ohren gedrungen; du meinst, daß wir kein Recht hätten, die Indios als Knechte zu gebrauchen, daß wir kein Recht hätten auf ihr Land und ihr Gut und daß somit alle Spanier jenseits des Meeres im Stande himmelschreiender Sünde und in greuelvollem Unrecht leben. Dann wäre auch mein Leben vom zwanzigsten Jahre an ein einziges Unrecht gewesen. Aber du kennst uns Eroberer doch nicht, Vater Las Casas; du weißt nicht, was wir sind und wie wir geworden sind. Du liebst nur deine Schützlinge.« – »Die Getauften gelten mir mehr als die Ungetauften; aber zu taufen ist unsere einzige Aufgabe und unser einziges Recht. Dazu hat uns Gott gesandt.« – »Wir, Vater Las Casas, wußten kaum etwas davon, und wir fragten nicht einmal danach. Ich möchte dir vieles sagen; ganze Jahrzehnte fallen von mir ab, und es wird mir nun erst deutlich, welchen Weg ich gegangen bin.« – »Es geht nur wenig im Leben wirklich zu Ende, Ritter; Menschen und Dinge mögen vorübergehen, aber das geheime Gewicht, das sich in unserer Seele gesammelt hat, das bleibt auch in der Seele liegen, und mit Menschenkräften machen wir uns nicht davon frei.«

»Wenn du es mir doch leichter machen würdest zu sprechen«, begann Bernardino wieder, sich schwer überwindend, während Las Casas ihn ruhig anblickte, »all die Bilder ziehen ohne Pause an mir vorüber, daß es mir schwindeln will; es ist mir, als hätte ich in der Hölle gelebt und sei in den letzten Augenblicken entronnen. Ich fuhr herüber mit einem kastilischen Edelmann, der mit seinem Bruder zwei Schiffe ausgerüstet hatte; sie hatten beide viel Geld vertan am Hof der Könige und in den italienischen Kriegen und hofften es wieder einzubringen. Aber die Schiffe waren gut, und Wind und Meer waren uns günstig. Nie wieder im Leben habe ich mich so frei und glückselig gefühlt wie in diesen langen Wochen, da wir wie im Spiele westwärts getrieben wurden. Damals war ja alles vollkommen neu; wir begegneten keinem Fahrzeug, wir hatten kaum Karten. Wir wußten nicht sicher, wo wir anlangen würden. Und sogar wenn wir uns manchmal vorstellten, daß wir Tag um Tag aus der Welt herausfuhren, um vielleicht nie mehr in sie zurückzukehren, wurde uns nicht schwer ums Herz. Freilich dachten nicht alle so; die meisten waren ja ausgefahren, um nach der Heimkehr in Kastilien wie reiche Herren zu leben; ich selber habe nicht viel mehr im Sinn gehabt, als mein Knecht die leeren Kästen aufs Schiff trug. Aber mit der Heimat versanken die Wünsche; wir waren Kameraden, wir hatten dasselbe Brot; und von demselben Fahrzeug hing unser aller Schicksal ab. In Santo Domingo blieben wir nur so lange, wie nötig war, um uns wieder mit Lebensmitteln zu versehen; es machte uns Verdruß, unter Landsleuten zu sein und eine Ordnung des Lebens vorzufinden, die der verlassenen ähnlich war. So steuerten wir südwärts; wir strebten zum Festland, das kaum entdeckt war und die Welt mit der Kunde von unermeßlichen Schätzen erfüllte. Die Brüder hatten in Santo Domingo von der Perlenküste gehört und sich entschlossen, sie abzuernten; dort sollte ihre Fahrt sich bezahlt machen.

Sobald Haiti hinter uns lag und wir durch das Karibische Meer trieben, fühlten wir uns wieder frei. Eines Abends sichteten wir Land; wir verbrachten die Nacht, ohne zu schlafen, in wilden Träumen, Absichten und Erwartungen, die ein jeder vor dem andern verbarg. Am Morgen umschwärmten uns Eingeborene in leichten Booten; am Hals der Frauen schimmerten Perlen, und es bedurfte schon der äußersten Befehlsgewalt unserer Hauptleute, um uns von offenem Raube abzuhalten; wir begriffen, daß es nicht klug sei, diese freundlich grüßenden und staunenden Menschen anzufallen und uns Todfeinde zu erwecken, noch eh wir die Küste betreten hätten. Mehr begriffen wir nicht mehr. Als wir ankern wollten, schwebte von dem Gebirge ein gewaltiger Vogel auf uns zu, desgleichen keiner von uns je gesehen hatte; er umkreiste mit weitausgespannten, von dunklen Farben glühenden Schwingen erst den Mast unseres Führerschiffs, dann den des unsern und stürzte im nächsten Augenblick zwischen den beiden Schiffen tot ins Meer. Unser Hauptmann, der jüngere der beiden Brüder, sah weißen Gesichts auf den toten Vogel, der mit noch ausgebreiteten Fittichen auf den Wellen schaukelte. Dann vergaßen wir alles.

Aber nicht davon will ich sprechen. Vielleicht haben Menschenaugen niemals Perlen in solcher Fülle und Schönheit gesehen, wie wir sie damals auf dem Schiffe zusammentrugen; ich sehe noch den unsäglichen Schimmer, den die auf rauhem Tische aufgehäuften Perlen in der Kapitänskajüte verbreiteten; sie waren leichter erworben, als ein Kind Kirschen pflückt. Unsere Augen glühten, wenn wir davorstanden; keiner traute der Rechnung des andern, keiner konnte den Argwohn niederhalten, daß der andere ihn um seinen Anteil betrügen wolle. Aber wir lebten in einem Rausche; ich wußte nicht, was in mir vorging; und ich bemerkte nicht einmal, daß die beiden Brüder, die edlem Hause entstammten wie ich selbst und die ich immer als Edelleute angesehen hatte, unversehens zu Räubern und Betrügern wurden und für ein paar fast blinde Spiegel und stumpfe Scheren, dergleichen in Kastilien die Mägde verschmäht hätten, Perlen eintauschten, köstlich genug, um das ehrwürdigste Madonnenbild zu zieren oder in der Krone der katholischen Königin zu glänzen. Wir hatten weit mehr zusammengerafft, als wir je hätten erhoffen können; einen derben Getreidesack hätten wir mit unsern Perlen füllen können bis obenhin, aber wir hatten nicht genug. Wir hatten wohl Perlen, aber kein Gold; und das Gold ist mächtiger, es weiß die Seele der Menschen besser zu zwingen, als ob etwas in ihr sei, das ihm gerne hörig ist. So folgten wir westwärts der Küste des Festlands, an den Inseln und Buchten hin; auch die Mündung des Magdalenenstroms ließen wir liegen nach einem heftigen Streit zwischen den Brüdern, an dem die Mannschaft teilnahm; einige wollten den Strom hinauffahren, andere gegen den Isthmus hin. Die Gier vernebelte uns allen die Köpfe; ein jeder glaubte das Gold in einer andern Richtung zu wittern.

Noch wußten wir nicht, ob das Land bewohnt sei, das morgens einsam aus den Wellen tauchte und abends wieder versank. Da glaubten wir im Dunkel wahrzunehmen, daß uns Boote folgten; als es hell wurde, sahen wir uns von Kanus umwimmelt, deren halbnackte Insassen auf der Brust goldene Schilder trugen; sie starrten wie gebannt zu uns empor. Als wir herabschauten, jubelten sie uns zu und winkten gegen das Land; wir steuerten ihnen nach, warfen Anker und ließen die Strickleiter hinab, ohne das Schiff zu verlassen. Die Boote zogen einen breiten Ring um das Schiff, während unser Hauptmann mit dem Bettelkram herumfuchtelte, den wir als einzige Tauschware in Sevilla aufgeladen hatten; er ließ den dunkelfarbigen Gaffern den Blitz der Spiegel in die Augen schießen, oder er hielt die Ketten dicker Glasperlen in die Sonne. Endlich machte ein geschmücktes Boot, in dem der Kazike und ein Ruderer saßen, sich los und schoß auf uns zu; der Häuptling stieg leicht und sicher die Leiter empor, hinter ihm der Diener, der Maisbrot und Geflügel trug und oben auf einen Wink des Herrn beides als Gastgeschenk niederlegte. Dieser war von schlanker, edler Gestalt und von einem merkwürdigen Ernste, aber ebenso arglos; er gab die Umarmung unseres Hauptmanns mit großem Anstand zurück, dankte jedoch abwehrend für Geschenke, da er, wie er durch Zeichen zu verstehen gab, erst das Schiff sehen wollte. Mit einigen anderen folgte ich ihm und dem Hauptmann in das Unterdeck; das Wesen des Eingeborenenfürsten zog mich an. Auch hatte ich den Hauptmann an der Perlenküste hinreichend kennengelernt, um Schlimmes zu befürchten. Unten stand einer der hohen Traubenkörbe, wie sie in Kastilien zur Weinernte benutzt werden; als der Hauptmann davorstand, tat er einen Pfiff, auf den zwei Matrosen mit Stricken hereinpolterten. Wir bekamen den Befehl, den Zugang zu sperren und den indianischen Diener festzuhalten, während die zwei Matrosen den Fürsten banden. Dieser sah stumm, die Traurigkeit einer namenlosen Enttäuschung im Blick, seinen Vergewaltiger an. Ich habe Menschen gesehen, denen der Ertrag vieljähriger erbitterter Mühe in einem Augenblick zerrann; und andere, die geglaubt hatten, daß sie in Palästen wohnen und auf seidenen Kissen liegen würden und statt dessen unter freiem Himmel auf einem zerschlissenen Mantel sterben mußten – die Enttäuschung ist ja vielleicht das Los unseres Volkes –; aber ich habe niemals wieder auf so erschütternde Weise in eines Menschen Auge gesehen, wie sich sein Inneres verfinsterte und seine Seele gleichsam erlosch. Und erst jetzt begriff ich, daß dieser Mann eine Seele hatte, fähig zu leiden und bestimmt für die Ewigkeit; und wenn ich zurückdenke, so glaube ich, daß die Seele des Fürsten in diesem selben Augenblick aufleuchtete und verlorenging. Ob der Herr nicht solchen Seelen, die ohne ihre Schuld in der Finsternis versinken, einen Engel zusendet, daß er sie heimgeleite, wenngleich sie seinem Reiche nicht angehörten?« Der Erzähler, auf dessen Wangen wieder das Fieber glühte, sah den Mönch an; aber dieser antwortete mit keinem Laut, keiner Bewegung seines Gesichts.

»Mich würgte der Zorn«, fuhr der Ritter fort, »da riß der Hauptmann dem Kaziken den reich geschmückten goldenen Schild von der Brust und warf ihn in den Traubenkorb; er nahm einen Stecken und stieß ihn durch den schmalen Hals des Korbes, beugte sich dann tiefer, um mit der flachen Hand an den Schild zu reichen und ließ sie heraufgleiten bis zu dem Stecken. Das tat er mehrere Male, bis der Kazike begriffen haben mochte, daß der Korb mit Gold gefüllt werden müsse, wenn er frei werden wolle. Aber der Fürst befand sich in einer solchen Erstarrung, daß er keine Silbe über die Lippen brachte; Arme und Beine waren ihm gebunden, und das Seil war um einen Pfosten geschlungen; an diesem stand er aufrecht, die Blicke auf den Hauptmann oder den Korb oder die gefesselten Hände richtend, deren Anblick ihn am meisten zu schmerzen schien. Ich, dessen Alter kaum die Hälfte des Alters meines Obern ausmachte, ertrug dieses Bild nicht länger; ich ließ den Indio los, der sich ohnehin nicht zu regen wagte, und trat vor den Hauptmann. Ob er sich nicht schäme, seinen Gast auf diese Weise zu mißhandeln, stieß ich hervor. Er antwortete mir nur mit einem Lachen, er wolle mir ein für allemal die Scham austreiben; ich solle Wache stehen neben dem Korb.

Indessen hatte der Kazike den Mann, der ihn hergerudert, beauftragt, seinem Volke die Forderung der Spanier bekanntzumachen. Ich war mit dem Gefangenen allein in dem schwach erleuchteten Raum; ihn zu befreien war unmöglich, denn auf Deck sahen meine herumlungernden Kameraden nach den Goldvögeln aus, die ihnen ins Netz fliegen mußten. Bald kamen auch die ersten Indios an Bord; ein paar stiegen zu uns herab, die wohl die edelsten und reichsten des Stammes waren. Sie erwiesen ihrem Fürsten ihre Ehrfurcht, so wie sie es immer getan haben mochten, ohne ihren Schmerz zu verraten, und legten ihre kleinen Brustschilde und goldene Armreife und Nadeln in den schlechten Korb, neben dem ich schamerglühend stand; der Kazike schien mit einem leisen Nicken zu danken, aber die Männer waren, nachdem sie ihren Herrn noch einmal gegrüßt, hinausgeschlüpft, und wir waren wieder allein und warteten. Die Frau des Fürsten kam mit ihren Söhnen und opferte die schimmernden Gegenstände, die sie auf den Armen trug, wie Weihegaben auf einem Altar. Sie weinte, doch wagte sie nicht, den Gefangenen zu berühren, den die derben Fesseln offenbar schmerzten. Dann erschienen ältere Männer und Krieger, die nur wenig zu bringen hatten; einige sahen sich wie verzaubert in dem niedern Raum um, sobald aber ihre Blicke auf mich und meine Waffen fielen, überlief sie ein Zittern; andere bezeigten mir noch größere Ehrerbietung als dem Fürsten, vielleicht weil sie glaubten, daß, wer ihren Kaziken besiege, auch höherer Art sein müsse als dieser. Alte Frauen kamen, die seltsame Dinge in den Händen hielten, kleine aus Gold gebildete Löwen und märchenhafte Tiere; ihnen schien der Anblick ihres leidenden Herrn die größte Ehrfurcht einzuflößen, sie sahen lange andächtig auf seine umstrickten Glieder. Aber schließlich wurden die leisen, scheuen Tritte auf dem Deck und der herabführenden Leiter immer seltener; der Hauptmann donnerte herunter, verdrossen über die Wartezeit, und stieß mit dem Fuß an den klirrenden Korb, er war noch nicht einmal bis zur Hälfte gefüllt; der Stab schien wie zum Hohne hindurchgesteckt zu sein.

Ich ahnte, daß wir in den törichten Träumen, in denen wir alle befangen waren, den Reichtum des Stammes weit überschätzt hatten. Die Edlen des Volkes erschienen wieder, aber diesmal mit leeren Händen; sie flehten und weinten um die Freigabe ihres Herrn, und nun hörte ich auch vom Meere und von der Küste her das langgezogene Schluchzen und Klagen des verwaisten Stammes mit dem Tone geheimnisvoller Instrumente herüberschallen. Doch das alles machte den Hauptmann nur zorniger und verbissener; in eigensinniger Wut schüttelte er den Korb; er zog sein Schwert und setzte die blanke Spitze auf den Leib des Kaziken. Die Bittenden stoben unter lauten Wehrufen davon; während der ganzen Nacht wollte das Klagen am Ufer nicht verstummen, der dumpfe Klang der Musik entfernte sich landeinwärts. Ein paar halbwüchsige Kinder kamen und legten zitternd dünne Goldplättchen in den Korb, die nicht mehr bedeuteten als ein Tropfen Weines in einem Faß; mir standen die Tränen der Scham in den Augen. Ich fühlte, daß diese furchtbare Erniedrigung mein ganzes Leben verändern werde; daß ich entweder am andern Tage mich von meinen Gefährten trennen müßte, um nach Spanien zurückzufahren – oder daß ich bleiben würde, um zu werden wie sie. Denn wer einmal erniedrigt worden ist, gewinnt sich entweder für immer seinen Adel zurück; oder er sucht den Schmerz um den verlorenen Adel zu ersticken mit den Niedrigen, in der Niedrigkeit. Ich blieb; ich konnte auch nicht zurück, und ich wußte, daß mich das Goldfieber, das mich hinausgetrieben, heimsuchen würde, sobald ich den Neuen Indien den Rücken kehrte.

Am Morgen bewegte sich mit einem Male das Schiff; ich sah, daß die Segel gehißt wurden und daß wir meerwärts steuerten. Nun verlor der Gefangene die so lange bewahrte Fassung; er weinte, wie ich nur die Indios habe weinen sehen, still, aber unaufhaltsam, so wie der Regen in das Meer fällt; es ist, als ob unheilbare, grundlose Trauer und Trostlosigkeit aus ihnen hervorbrechen wollten, als ob die Seele, die von keiner Erlösung weiß, sich erschöpfen wollte, um zu sterben. Freilich konnte das Volk draußen das Weinen seines Fürsten nicht vernommen haben; aber der Schmerz schnitt ihm im selben Augenblick ins Herz, als sei es auf eine geheimnisvolle Weise mit seinem Herrn verbunden, und so hallte uns ein Klagen nach, das ich an meinem schändlichen Platze zwischen dem schluchzenden Gefangenen und dem Traubenkorb glaubte nicht ertragen zu können. Die Abfahrt war indessen nur eine List des Hauptmanns; er wollte den Eingeborenen das Letzte entpressen; denn in all seiner Gemeinheit und Grausamkeit war er doch ein Träumer, wie wir Spanier alle Träumer sind. Er ließ nicht von dem Glauben, daß er das lang gesuchte Goldland entdeckt habe und die Heiden unermeßliche Schätze verborgen hielten, und so wird er, während wir wegfuhren, keinen Blick von der Küste gewandt haben. Wir alle glaubten nie an die Aufrichtigkeit der Wilden; nur dieses eine Mal sollten wir auf die beschämendste Weise von ihr überzeugt werden.

Schreie und Rufe gellten herüber; bald spürte ich, daß das Schiff, das nur langsam gefahren war, umkehrte und wieder dem Lande zustrebte; es mußten sich uns neue Boote nähern. Aber was nun die vor Angst und Schmerz verstörten Eingeborenen in den Opferkorb warfen, das war schlechtes, blindes Gold, das sie mit fiebernder Mühe aus den Trümmern einer verlassenen Siedlung oder aus einem Flußbett herausgewühlt haben mochten; mit Tränen der Verzweiflung gaben sie zu verstehen, daß sie nicht mehr besäßen und daß wir ihren Herrn freilassen sollten. Viele wandten sich dabei an mich, der ich in dieser Stunde meine Ausfahrt, ja die Entdeckung der Neuen Indien und alles, was in Spanien darüber gefabelt wurde, hundertmal verfluchte. Auch der Hauptmann mußte Beschämung fühlen, doch verbarg er sie unter seinem Zorn; er jagte die Klagenden vom Schiff und durchschnitt die Fesseln des Gefangenen. Dieser ging, den zerquälten Körper mühsam straffend, langsam die Leitertreppe hinauf, und wir folgten. Oben, an der Stelle, wo der Hauptmann ihn bei seiner Ankunft umarmt hatte, blieb er stehen, als fühle er doch, daß er auf irgendeine Weise Abschied nehmen müsse. Auch der Hauptmann fühlte es; dort lag eine der billigen Hacken, die wir als Tauschware mitführten; die reichte er seinem mißhandelten Gast. Einige lachten; der Kazike nahm das Werkzeug, besah es schweigend und stieg in das wartende Boot hinunter, wo die Seinen ihn unter unbeschreiblichem Jubel empfingen. So sahen wir ihn wegfahren; er saß im Boot und hielt die Hacke wie ein Zepter, den Blick noch lange auf das Schiff gerichtet, wo ihm eine unüberwindliche Enttäuschung widerfahren war.«

»Und das Gold?« fragte Las Casas scheinbar unbewegt, als der Erzähler innehielt – »Wir sollten uns noch des Vogels erinnern, der uns bei der Ankunft vor dem Festlande entgegengeflogen war. Meer und Wind, die uns hergeleitet, empörten sich, sobald wir am Ziele waren; der ältere der beiden Brüder wurde krank und starb; so war ihm seine Beute verloren, und kaum hatten wir ihn den Wellen übergeben, so sahen wir dem jüngeren, unserm Hauptmann, die Freude an der Erbschaft an. Er hatte ja zu dem Anteil an Perlen und Gold die Flotte geerbt, zu deren Ausrüstung er als ein Verschwender nur wenig beigetragen hatte. Nun ging er auf das Führerschiff und gab den Kurs an, noch immer nach dem Golde spürend, das uns allen vor den Augen brannte. Denn seit ich die Wache am Traubenkorb gehalten und die Kraft zur Umkehr nicht gefunden hatte, war ich der Goldgierigste der ganzen Mannschaft geworden. Vielleicht wollte ich den Wundbrand meiner Schande kühlen mit dem Metall. Unbekümmert streiften wir, wieder ostwärts fahrend, die Küste ab, ob wir nicht einen Volksstamm erspähen könnten, den es sich auszurauben lohnte. Damals wußten wir noch nicht, daß das Gold in schwerer Arbeit in den Minen gegraben sein wollte. Das Gewässer war uns unbekannt; dann und wann entrannen wir einer Klippe; schon dachten wir daran, zur Perlenküste zu lenken und dort gründlichere Arbeit zu leisten als das erste Mal. Über solchen Träumen wurden wir des Nachts an ein Riff geworfen, das Schiff barst in der Mitte entzwei und goß Perlen und Gold in die Tiefe. Auf den Trümmern retteten wir uns in stundenlangem Kampfe zu dem Führerschiff hinüber; zu sterben haben wenigstens wir Spanier immer gewußt, und ich werde es nie vergessen, wie ein Vater und sein Sohn sich an denselben schwimmenden Balken klammerten, ohne daß wir ihnen helfen konnten. Der Balken sank, denn das doppelte Gewicht war zu schwer, da rief der Graukopf: ›Sohn, rette dich, mit Gottes Hilfe, und laß mich ertrinken! Um mein Leben lohnt es nicht mehr.‹ Damit schlug der Alte ein Kreuz; gleich darauf ließ er den Balken los und ging unter. Das schien mir damals nur wacker; heute frage ich mich, ob in diesem Augenblick nicht Gottes Gnade den alten Mann als den einzigen unter uns erreicht hat und ihn sich opfern ließ, damit seine Seele gerettet werde. Was meinst du wohl, Vater Las Casas?« Der Ritter wandte dem Mönch plötzlich sein zerquältes Gesicht zu. »Niemand kann wissen«, antwortete dieser, »was in einer Seele vorgeht in der letzten Sekunde, die so viel wiegen kann wie die Ewigkeit, weil sie ausreicht, die Ewigkeit unter Gottes Gnade zu erkaufen. Aber was ist das Opfer ohne Reue, die Liebe ohne Erkenntnis der Sünde, der schrecklichste Tod ohne die Anklage des Gewissens?« – »Das Opfer ohne Reue«, wiederholte Bernardino bitter, »als ob es so gar nichts sei, ein Opfer zu bringen.« Die Blicke des Las Casas glitten über die Gepäckstücke des Edelmannes. »Du trägst viel mit dir herum. Große Lasten«, sagte er, sich wieder zu dem Liegenden wendend. Aber jetzt hielten die Augen des Kranken den forschenden des Priesters stand, wenn auch mit dem Aufgebot aller Kraft. »Schwer erkauft«, preßte er hervor, unter so entschiedener Abwehr, daß der Mönch sich erhob und ging.

So brach die Erzählung des Ritters ab, ohne daß sie zu einem tieferen Geständnis führte, das der Mönch vielleicht erhoffte. Las Casas suchte zu arbeiten an der Seite Comachos, der meist zitternd auf seinem Platze saß und von den Kälteschauern erst frei wurde, wenn er auf seine schweigsame Weise seinem Herrn wieder Gesellschaft leisten durfte. Der Pater begann Briefe zu schreiben in sorgfältiger Mönchsschrift, die der Schrift auf seinen übrigen Papieren unähnlich war; er benutzte große Bogen aus Pergament, wie sie an Hochgestellte gerichtet wurden; aber wie oft er auch in unerschütterlicher Geduld ansetzte, um die Lettern aus Strichen und Kurven langsam zusammenzufügen, so wurde ihm die Arbeit doch bald unmöglich. Der Wind trieb Schiffstrümmer vorüber; irgendwo in der grenzenlosen, wieder aufgärenden Weite war vielleicht die gesamte Mannschaft eines Indienfahrers vor den Richterstuhl des Höchsten gerufen worden. Unter dem wachsenden Brausen und Pfeifen sprach der Dominikaner Gebete für die heimkehrenden Seelen vor; die Stimmen der in dem dämmrigen Raume verstreuten Fahrgäste antworteten dumpf, während sich aufrichtende Wellenberge das Fahrzeug auf ihre Schultern nahmen und einander zuwarfen. Sie müßten doch längst auf dem offenen Weltmeer treiben und aus dem Bereich der Klippen sein, rief der Ritter nach einer Weile zu Las Casas hinüber; das seien sie wohl, antwortete dieser, auch die

Bermudas hätten sie passiert, aber die Fahrzeuge seien allesamt schlecht, die heute in spanischen oder indianischen Häfen in See stächen, das Steuer sei leicht gebrochen, und dann gnade Gott! Von einem der Schiffe, die im Gefolge des Cortez zum Verderben der Azteken wie der Spanier von Kuba nach Yukatan hinübersegelten, habe er erzählen hören, daß ihm die Wellen auf der Höhe der Insel Cozumel das Steuer abgeschlagen hätten; der Kapitän habe sich ein Seil um den Leib geschlungen, sich ins Meer geworfen und das Steuer auch glücklich erschwommen und zurückgebracht; hier freilich, in weiter Entfernung von allen Küsten, sei keine Hoffnung für steuerlose Schiffe außer der Gnade des Himmels.

Erst das steigende Fieber sollte die Lippen Bernardinos wieder öffnen. Freilich fand er nicht mehr die Kraft zu einem zusammenhängenden Geständnis; das Gewesene trieb an ihm vorüber wie die sich auflösenden Wolkenfetzen nach einem Gewitter. Der Pater saß geduldig neben ihm, oftmals betend und in dem Bemühen, dem Fiebernden mit dem schon faulenden Wasser Linderung zu verschaffen; die Namen der Landschaften und Menschen, die über des Kranken Lippen kamen, konnten dem Zuhörer nicht fremd sein, und so vermochte er sich aus den kreisenden Erinnerungen, die einem besonders furchtbaren, erschütternden Vorgang immer wieder zustrebten und vor ihm flohen, das ruhelose Leben des Fiebernden zusammenzufügen: Bernardino trat auf der Insel San Juan, die später den Namen ihres Hafens, Puerto Rico, tragen sollte, weitgedehnten Grundbesitz an; schwere Jahre schienen hinter ihm zu liegen, aber die ihm verliehenen Ländereien und Minen lohnten die Mühen reichlich. Wenn er am Tage der Goldschmelze sich in die Hafenstadt tragen ließ, umwimmelten ihn Diener, über die ein gewaltiger Negersklave die Aufsicht führte. Einer der Indios stürzte erschöpft am Wege nieder; er mußte die Taufe empfangen haben, denn er hatte trotz der Gluthitze das Stück Tuch, das ihm um die Schulter hing, nicht ablegen wollen. Nun zog der Liegende mit dem

Ausdruck frommer Ergebenheit das Tuch über sein Gesicht. Der Gouverneur lobte den Ritter, der unter allen Landbesitzern das gewichtigste Fünftel für den König ablieferte; neben dem Heimkehrenden schritt der Negersklave, beladen mit dem ausgeschmolzenen Golde; er war so hohen Wuchses, daß er einen breiten Schatten auf seinen in der Hängematte liegenden Herrn warf. Bald war das Holzhaus zu eng und unbequem geworden; die Indios zimmerten ein neues für ihren Gebieter, an dessen Seite ein fremdartiges Frauenwesen trat. Ob ihr Perlen und Gold keine Freude machten, fragte der Ritter die Traumgestalt; er schenke ihr gerne, soviel sie haben wolle, er sei ja so froh, etwas verschenken zu können. Sie solle die Perlen nur tragen, diese verlangten nach Wärme; im Kasten würden sie blind. Sie möge doch die Perlen annehmen, nur wenige, nur eine einzige Kette und das Ohrgehänge. Warum sie sich denn gar nichts schenken lasse, warum sie nicht helfe, seine Last zu tragen, fragte er verzweifelt.

Die Unruhe des sich Erinnernden wuchs. Er machte sich mit andern Spaniern bereit, gegen die Kariben zu ziehen, die auf San Juan eingefallen waren. Vor den schwer bewaffneten Konquistadoren wichen die Feinde in das Gebirge hinauf; die Spanier folgten durch ein enges Tal, emporgezerrt von den blutgierigen Kriegshunden, die sie auf die Eingeborenen abgerichtet hatten. Sie waren auf der Hut vor Pfeilen, doch das Gebirge schien ausgestorben zu sein; da, auf dem Kamm, regten sich Gestalten, die, plötzlich sich aufrichtend in der Sonne, die Bogen spannten. Mit einem Sprung deckten sich die Spanier unter einem Felsen; sie ließen die Hunde los, die atemlos hinaufstoben; dann gellten von jenseits des Kammes die entsetzlichen Schreie der Angefallenen herüber. – Wieder streiften die Spanier mit ihren Hunden durch die Insel; aber alle Fährten führten zur Küste, die Kariben mußten in der Nacht auf ihren leichten Booten entflohen sein. So lagerten die Verfolger verdrossen unter einem Baume, ratlos, wie sie die Hunde füttern sollten, als ein altes Indianerweib vorüber-

31

kam. Einer rief die Alte heran und gab ihr ein vergilbtes beschriebenes Papier; sie nahm es mit der furchtsamen Achtung an, die ihresgleichen allen auf eine geheimnisvolle Weise redenden Dingen entgegenbrachte. Diese Botschaft, wies der Spanier die Alte an, möge sie in das nächste Dorf zu dem spanischen Hauptmann bringen. Die Botin grüßte und humpelte geschäftig davon; als sie ein Stück weit gekommen war, ließen die Lagernden einen der Hunde los. Das Tier sprang in gewaltigen Sätzen nach seiner Beute; doch die Indianerin kniete, als sie es kommen sah, nieder und sprach den Hund wie einen Herrn oder gar wie eine Gottheit an, indem sie ihm den Zettel hinhielt: er möge ihr nichts tun, denn sie sei mit wichtiger Botschaft ausgeschickt worden. Zur Beschämung der Zuschauer, vielleicht auch zur geheimen Erleichterung des sich Erinnernden stutzte der Bluthund; er beschnupperte die Alte, dann lief er zu seinem Herrn zurück. Und weiter liefen die Gedanken des Ritters in noch fernere Zeiten, als suchten sie erloschene Spuren; bald hob sich eine Gestalt aus den wirren Bildern, um immer deutlicher und gegenwärtiger zu werden; es war Alonso de Hojeda, der Adelantado, bei dessen Namen der Pater in zornigem Schmerz zusammenfuhr. Er schien, weit über die Gefolgschaft hinaus, die Bernardino de Lares ihm geleistet, eine seltsame Macht über diesen ausgeübt zu haben; Bernardino wußte nicht nur die Taten des verwegenen Abenteurers, die er miterlebt haben mochte; es beschäftigte ihn auch immer wieder, was er aus Erzählungen gehört, so etwa, daß Hojeda in jungen Jahren in Sevilla ein tollkühnes Kunststück vor der katholischen Königin ausgeführt hatte. Als Isabella von Kastilien einmal die Giralda, den Turm der Kathedrale, bestieg, schwang sich Hojeda, um der Königin eine besondere Kurzweil zu bieten, durch ein Fenster auf einen Balken, der weit aus dem Turme in die leere Luft ragte. Der Tollkühne lief über der ungeheuren Tiefe hinaus ins Nichts, drehte sich draußen, das eine Bein in weitem Bogen schwingend, und kehrte zurück. Später, als die Hofgesellschaft den

32

Turm verlassen hatte, schleuderte er von unten, scheinbar ohne seinen kleinen Körper sonderlich anzustrengen, eine Apfelsine über die kaum mehr sichtbare Stange hinaus bis zur Plattform des Turmes; die Kraft seines Armes, erlaubte er sich der unwillig gewordenen Königin zu sagen, stehe seinem Wagemut nicht nach. Dieses Bild des mit leichten Schritten über dem Abgrund dahinlaufenden Edelmannes peinigte den Kranken, so daß er aus dem Traume auffuhr und glaubte, an Hojedas Stelle zu sein, aber ohne dessen Mut und Geschicklichkeit zu haben; dann meinte er wieder, sich vor der katholischen Königin, die eine strenge Ahnderin des in den Kolonien geschehenen Unrechts war, wegen begangener Verbrechen verantworten zu müssen. Bald erschien ihm Hojeda, wie dieser, noch im Dienste des Kolumbus, einen der mächtigsten Fürsten Haitis, den König Caonabo, überlistete. Der König hatte, wie alle seines Stammes, eine ungemeine Freude am Eisen. Es kam ihm so kostbar vor wie den Spaniern das Gold, wenngleich er und seine Untertanen es auf eine kindliche Weise verehrten und begehrten; sie nannten es turey, genau wie sie den Himmel nannten, als sei es von oben zu ihnen herabgekommen. In ehrerbietiger Haltung erschien Hojeda vor dem Stammesfürsten; er hielt Handschellen und Fußeisen, deren Ringe, Schlösser und Ketten er hatte polieren lassen, und sagte, er habe dem König turey mitgebracht; auch wolle er ihn zum Ritter machen, wenn er ihm folge. Der König begleitete den Spanier zum Fluß, wo dessen Pferd stand; Hojeda schwang sich in den Sattel und ließ den Betörten mit aufsitzen; er legte ihm, der Hände und Füße wie ein Kind darbot, die blinkenden Eisen an und ritt mit ihm unter dem Jubel der von ferne zusehenden Indios am Flusse auf und ab, bis er plötzlich dem Pferde die Sporen in die Seiten stieß, auf das andere Ufer setzte und mit dem Gefangenen davonstob. Dann erinnerte sich Bernardino des Sklavenschiffs, auf das der König Caonabo mit vielen hundert Menschen geschleppt wurde; noch immer hielt Caonabo seinen Vergewal-

33

tiger für einen großen Herrn, dem er, selbst in Ketten und auf dem Wege zur Einschiffung, mehr Gehorsam zu erkennen gab als Kolumbus, dem Admiral. Freilich sah Kolumbus in einem Gemisch von Verzweiflung und Machtlosigkeit auf das gepeinigte Volk der neuen, von ihm entdeckten Welt, das er in seiner Not, um der Königin endlich den so oft verheißenen Gewinn zu schaffen, an die alte verkaufte. Hojeda stand neben dem ihn weit überragenden Admiral, die kleine Gestalt aufreckend und sich ein gebieterisches Ansehen gebend, dessengleichen dem arglosen Entdecker nicht zur Verfügung stand. Und um das Unglück des Kolumbus, dem alle Macht aus den Händen glitt, voll zu machen, warf sich der Sturm auf die abfahrtbereite Flotte und schleuderte die Schiffe gegeneinander, bis sie zerbarsten und die Eingeschlossenen samt dem gefesselten König Caonabo in die letzte ihnen noch offenstehende Freiheit entließen.

Um diese Zeit mußte Bernardino dem Abenteurer zum ersten Mal begegnet sein. Vielleicht hatte er in Spanien seinen Weg schon gekreuzt, wo Hojeda, während eines kurzen Aufenthaltes in der Heimat, von Bischof Fonseca von Burgos, seinem großmächtigen Gönner, in die letzten Berichte des Kolumbus eingeweiht wurde. Emsig beugte sich Hojeda über die eben eingetroffene Karte, auf welcher der Admiral mit noch ungewissen Linien die Küste Parias eingezeichnet hatte; er versicherte sich aufs neue der Gunst des Bischofs, der, als Feind des Genuesen, seinem geliebten Günstling nicht ohne Schadenfreude einen jeden Beistand versprach: mochte Hojeda sich zunutze machen, was jener ausgeforscht hatte. Erst in Paria wurde der Abenteurer zum großen Herrn; er landete mit eigener Flotte unter den erstaunten Völkern; fragten sie ihn, woher er komme, so wies er hinauf zum Himmel: von dort sei er herabgestiegen, die Dinge der Erde zu beschauen. Sie bauten ihm ein eigenes Haus in Form einer Glocke, wie sie es gewohnt waren, und führten ihm ihre schönsten Frauen zu: er schenkte den Mädchen Ketten und Glasperlen und wollte sie mit ritterlicher Gebärde zu ihren Eltern zurückgeleiten, aber diese baten so flehentlich, daß er die Töchter zu sich nahm. Wollte er einen Fluß überschreiten, so stritten sich die Edelsten um die Ehre, ihn auf die Schultern nehmen und tragen zu dürfen; nachts freilich, in seiner Kammer, konnte er im Zorn das bescheidene schöne Gewebe zerreißen, das ihm die Eingeborenen geschenkt, oder die mit Früchten gefüllten Körbe mit Füßen stoßen; bitter beklagte er sich gegen seine Kameraden über die grenzenlose Enttäuschung, die ihm dieses Land bereite. Dann brach die unersättliche Gier aus ihm hervor; er ließ im Morgengrauen seine Gastfreunde überfallen und binden und auf die Schiffe schleppen; weit schlechter als ein Viehhändler bedachte er die lebende Ware, die er nach Spanien führte.

Krieger und Abenteurer strömten ihm zu auf seiner zweiten Reise in den Golf von Urabá; sein Ruf verbreitete sich über die Inseln, das Festland; es hieß, er habe in allen Kämpfen noch keinen Tropfen Blut verloren, und kein Mensch sei imstande, sein Blut zu vergießen. Von nun an schien Bernardino zu seinen unentwegten Gefolgsmännern gehört zu haben; der Ritter trat in seinen Erzählungen und Träumen oft in Streit mit seinen Kameraden, die den Anführer offenbar des Geizes und der Habsucht bezichtigt hatten. Als sei Hojedas gegenwärtig oder doch noch am Leben und seine Sache nicht längst für alle Welt als eine unwürdige durchschaubar geworden, führte Bernardino die wunderbare Tapferkeit, das Geschick, die Kraft des Abenteurers an; doch erlangten die Gegner die Oberhand, und Hojeda, der sich zuvor gegen Kolumbus, seinen Admiral, empört, ward von den eigenen Leuten in Fußeisen geschlossen und als Gefangener auf dem Schiff gehalten. Aber in einer Nacht, als das Schiff in einem Hafen Haitis lag und die aufrührerischen Gefährten des Abenteurers sich ihres Sieges freuten, schleppte sich jener unbemerkt mit den eisenumschlossenen Füßen über das Deck; vertrauend auf das leichte Gewicht seines Körpers warf sich der Gefesselte ins Meer, um sich mit den Armen zum Lande durchzuarbeiten.

35

Nur dieses eine Mal hatte er seine Kraft überschätzt; er sank, rief um Hilfe und ward gerettet.

Als Gouverneur, im Namen des Königs, kam er in das Land zwischen Vela und dem Golfe von Urabá; nie betrat er die Küste, ohne sich auf die Knie zu werfen und die Jungfrau inbrünstig anzuflehen; ihr hatte er sich schon früh anbefohlen, als ›Verehrer der Jungfrau‹ bekräftigte er seine Versprechungen, unterfertigte er Schriftstücke. Setzte er den Fuß auf noch unbekanntes Land, so brach er feierlich im Namen des Königs einen Ast vom nächsten Baume, ließ sich Früchte und eine Handvoll Erde reichen und den Namen Ferdinands, seines Herrn, in eine Baumrinde schneiden. Erregter wurden die Bilder; Hojeda geriet in einen leidenschaftlichen Streit mit dem Adelantado Nicuesa, dem die westliche Hälfte des Golfes zugesprochen war; er machte sich, von seinen Gläubigern wie von der eigenen Raubgier bedrängt, auf Beutezüge, steckte Dörfer in Brand, erniedrigte die Beraubten zu Trägern des Raubes, ließ, von Verfolgern gehetzt, die mitgeführten Männer und Frauen nacheinander auf dem Wege ermorden, um die Feinde durch den Anblick ihrer toten Brüder und den Schmerz um diese aufzuhalten. Unaussprechliche Frevel wollten sich auf die Lippen des Kranken drängen. Aber zugleich schien die Gestalt des Adelantado immer mehr Macht über seine Seele zu erlangen; längst verwehte Worte, die einst zwischen ihnen gewechselt wurden, wollten noch einmal gesprochen werden. In teuflischem Zwiegespräch beratschlagten sie einen Raubzug ins Gebirge; als sie eben im ersten Morgengrauen durch den dichten Wald sich an ein Dorf heranschlichen, ergellte über ihnen der grauenhafte Schrei der Papageien; die Indios stürzten sich aus ihren Hütten, in schauerlich tönende Muscheln blasend, doch sahen sie den Feind nicht und flüchteten zurück. Nun schwangen die Spanier Schwert und Brandfackel; aus einem Hause schwirrten ihnen vergiftete Pfeile um die Ohren, Hojeda rief zum Angriff, ein Gefährte fiel neben ihm, da erreichte der Adelantado das Haus und trat die Tür ein, um sich an entsetzlicher Rache zu sättigen.

Wieder erschien er vor den Augen Bernardinos, wie er, von einem dichten Haufen indianischer Bogenschützen in die Enge getrieben, sich zwerghaft hinter seinem gewaltigen Rundschild duckte; die verzweifelten Indios rissen die Pfeile aus den Leibern der Gefallenen und schossen sie noch einmal ab, ohne den Verhaßten zu treffen. Tagelang irrte Bernardino mit einigen Waffengenossen an der Küste hin, den Vermißten zu suchen; sie fanden den an einen Baum gelehnten Leichnam eines Spaniers, in dessen Hals ein Giftpfeil stak; der Leib war aufgedunsen, das Gesicht auf das grauenhafteste entstellt; dieselbe Angst, die sie zuvor beim Schrei der Papageien gefühlt, trieb sie davon. Endlich fanden sie den Adelantado in der Astgabel eines jener unmittelbar aus dem Meereswasser aufwachsenden, hartrindigen Bäume; er saß scheinbar leblos, das Schwert in den Händen, auf dem Rücken den Rundschild, in den zahllose Pfeile sich eingebohrt hatten, und umschwärmt von einer Wolke sirrender Moskitos, denen zu wehren er keine Kraft mehr hatte. Sorgfältig hoben sie ihn aus den Ästen und flößten ihm Wein ein, doch vermochte er noch nicht zu sprechen. Bald versöhnte er sich auf das großartigste mit Nicuesa, seinem Feinde; er ritt am Golfe hin, als sich plötzlich ein Krokodil aus dem Uferschlamm hob und nach seinem Pferde schnappte. Eingeborene verschworen sich gegen ihn, ungeachtet der Sage von seiner Unverwundbarkeit; sie teilten sich in zwei Gruppen und lockten ihn durch irreführende Stimmen vor die Bogen versteckter Pfeilschützen. Der Adelantado blutete aus durchbohrtem Schenkel wie ein jeder andere Sterbliche und verlor mit seinem Blute auch den Nimbus seiner Göttlichkeit in den Augen der Wilden; doch nicht einen Augenblick versagte seine Kraft. Wohl weigerte sich der Arzt, ihn mit glühenden Eisen zu brennen; er werde ihn erhängen lassen, wenn er es nicht tue, schrie der Verwundete den Ratlosen an, bis dieser ihn der unsäglichen Marter unter-

37

warf. Wieder bestieg er das Schiff und geriet in Streit mit seinen Kameraden, die ihn fesselten und sich bald darauf in der Bedrängnis am liebsten von dem Gefesselten hätten befehlen lassen; auf Kuba schritt er, noch mit lahmem Schenkel, seiner Schar voraus an einem Meeresarme, der sich tief in das Land streckte und nicht enden wollte. Sie wateten verzweifelt durch das Wasser und schleppten sich dann wieder auf dem Lande fort, an Gürteln und Riemen kauend; da, in der äußersten Not des Hungers und der Erschöpfung, riß Hojeda ein Marienbild aus seinem Wams; er befestigte es an einem Baume und betete mit solcher Leidenschaft, solcher ungestümen Inbrunst der Seele, daß die Kameraden den festen Glauben faßten, sie würden gerettet werden; ein Wunder werde geschehen. Sie fanden sich zu Eingeborenen hindurch und wurden von ihnen bewirtet; als kostbarste Gabe ließ ihnen Hojeda das Marienbild; er lehrte sie, es zu ehren, und erzählte von dem Erlöser, den die Jungfrau allen Menschen geboren, und er tat es mit solcher Glaubensglut, daß die ewige Wahrheit durch den Mund eines Unwürdigen zu wirken und die Zuhörer zu verwandeln schien. Die Wilden tanzten und sangen vor dem aufgehängten Bilde, und der Adelantado selbst spendete ihnen in frommer Ergriffenheit die Taufe.

Einmal noch begegnete Bernardino dem Abenteurer; er hörte nachts auf einer Straße Santo Domingos Degenklirren; hinzueilend sah er im Mondlicht den zuckenden Schatten der zwerghaften, langbärtigen Gestalt, die von weit größeren Schatten bedrängt war. Der Ritter schlug den sich tapfer Wehrenden heraus und brachte ihn in seine Behausung; doch war Hojedas Kraft erschöpft. Er legte sich auf eine zerfressene Matte in einem Mauerwinkel nieder, der nicht einmal vor der Sonne schützte; wie ein Märtyrer, mit heimlichglühender Freude erduldete der Adelantado, der den Ertrag all seiner Mühen und zuletzt sogar das verehrte Heiligenbild eingebüßt hatte, die verzehrende Wut der Sonne auf seinem kranken Leib. Lächelnd, als brenne sie das Böse in seinem

Herzen aus, grüßte er ihre ersten Strahlen, die durch das löchrige Dach fielen; in bittrer Reue sah er sie eines Abends untergehen. Sein letzter Wunsch war, daß man ihn in der Kirche der Franziskaner, unmittelbar an der Schwelle, bestatte, so daß ein jeder beim Betreten der Kirche über sein Gebein hinwegschreite; sein letzter Seufzer galt der Jungfrau. – Der Erzähler erinnerte sich, daß er, offenbar erschüttert von dem frommen Tode des Waffengefährten und dem unerforschlichen Geheimnis dieses Todes, damals oft auf dem Grabe Hojedas an der Kirchenschwelle gekniet und gebetet hatte; daß er aber gelitten hatte unter dem Gefühle, nicht beten zu können, wie er den Adelantado oftmals und namentlich in dessen letzten Tagen hatte beten sehen.

Auch ein verworrener Gedanke, der damals Bernardino viel beschäftigt haben muß, dämmerte ihm in diesen Augenblick auf, da er, halb im Traume, Leben und Sterben des unheimlichen Kameraden wieder erlebte: Ob ein Mensch das Böse, das in ihm gehaust, einem andern, der an ihm gehangen, als Erbteil hinterlassen könnte, während seine reinen Kräfte sich frei machten und die Seele emportrügen? Doch der Pater, der aus seinem eigenen bittern Wissen um Hojeda und dessen Taten die häufig abbrechende, aus Erinnerungsbildern zusammengestückelte Erzählung ergänzt haben mochte, antwortete nicht unmittelbar auf diese Frage: Die Sündhaftigkeit, sagte er fest, könne nicht entschuldigt, die Reinheit nicht erklärt werden; es bleibe verborgen, auf welche Weise sich beide in der Seele des Menschen bildeten und welche Mächte und Kräfte daran Anteil nähmen. Offenbar sei nur zu einer jeden Stunde das Wort des Herrn, nach dem auch das Verborgenste gerichtet würde.

Bernardino sann lange nach über diese Worte, während der Mönch, wie meist, sobald der Kranke schwieg, wieder zu beten begann. Las Casas preßte, während seine Lippen unhörbare Worte formten, die Hände wie in erbittertem Ringen zusammen, einem Menschen ähnlich, der einen ihm entgegenstehenden Willen mit der ganzen Kraft seines Gemütes besiegen möchte. Erst nach Stunden, als das Schiff mit seiner Last vergeblich gegen sich aufwerfende Wellenberge ankämpfte, so als gleite es unablässig vom Hange desselben Berges herab, der es emporhob, sprach der Ritter von Ereignissen, die nun ganz seinem eigenen Leben angehörten. Er erinnerte sich eines indianischen Königspalastes, den er auf dem Festlande, vielleicht auf dem Isthmus, betreten haben mochte; denn das Haus war nicht wie die Bauten der Inselbewohner aus Holz gefügt, sondern auf steinernem Fundamente errichtet, das von Holzpfeilern durchwachsen war und ein hoch emporstrebendes, reich geziertes Gebäude trug. Die Konquistadoren durchschritten, geführt von dem Königssohne, die Hallen und Räume; sie bestaunten die aufgespeicherten Vorräte an Brot, Fleisch und Fisch, beklopften im anstoßenden Raume die mächtigen Tongefäße, in denen Palmwein und Wein aus Wurzeln enthalten war, und rangen mit kaum bezähmbarer Gier, als die kunstreiche Pracht der Wohngemächer ihre Augen blendete.

Endlich bat sie der Königssohn, ihm schweigend in einen tiefer gelegenen Raum zu folgen; behutsam öffnete er die Tür, in tiefster Ehrerbietung trat er ein, während seine Gäste von einem Schauder ergriffen wurden. Denn in dem Halbdunkel schwebten Gestalten, die sich leise regten und drehten; ihre Gesichter, ihre Hände waren starr und trocken, die wesenlosen Leiber von Gewändern umflossen, die in den wunderbarsten Farben gewebt waren und von Gold, Perlen und Steinen schimmerten. Es waren die Toten des Königshauses, die, von Seilen gehalten, die Erde nicht mehr berühren sollten und die Verehrung und den Opferdienst der Enkel genossen als die erlauchten Mitbewohner und Beschützer ihres Hauses.

Noch schien der Erzähler das geheime Wehen zu spüren, das von den Toten ausging, er senkte die Stimme und flüsterte sich selbst ein leise! leise! zu; aber dann sah er Gold und Steine immer glühender funkeln und kreisen. Er brach, von Entsetzen und Kälte geschüttelt, ab und wollte schweigen; aber die Toten in ihren Prunkgewändern schienen wieder vor seinen Augen zu schweben, umwallt von Rauch und Feuer, dann hielt er die goldstrotzenden Mäntel im Arme und floh, während die nackten, dürren Gestalten ihn verfolgten.

Er sah sich wieder, Gold aus der Asche verbrannter Hütten wühlend; dies ist die leichteste Art, Gold zu gewinnen, sprach er mit fremder Stimme. Wozu warten, bis die faule Sklavenbrut das Gold aus der Erde gräbt? Wir zünden die Dörfer an; dann verbrennen die Menschen, und das Gold bleibt übrig wie in der Schmelze. Damit bückte er sich wieder, um noch tiefer in die Asche zu greifen; ein Schrei entquoll seinem Munde, und er rieb sich die zuckende Rechte mit der Linken: »Daß menschliche Gebeine so brennen können«, sagte er vor sich hin; »ich dachte, das Feuer sei erloschen.« Seine Erinnerungen flohen in spätere Jahre, nach San Juan hinüber; er war im Gespräch mit dem Aufseher, der ihm meldete, daß innerhalb von drei Jahren mehr als die Hälfte der ihm zugeteilten Indios gestorben sei; auch würden keine Kinder mehr geboren; die Weiber seien unfruchtbar geworden, seit sie auf dem Felde arbeiten müßten, die Männer hätten sich in den Minen erschöpft. Wolle er sie wegen ihrer Faulheit strafen, so stürzten sie tot hin; wohl stecke noch viel Gold in der Erde, doch fehle es an Menschen. Dann wieder sprach Bernardino mit dem Gouverneur; dieser werde es nicht bereuen, wenn er ihm Arbeiter schaffe; er könne für den Ertrag bürgen. Ja, er werde sie im christlichen Glauben unterweisen, wie der König das fordre; dafür würden sie ihm ja überschrieben, setzte er höhnisch hinzu; und nie noch sei Christenlehre gehalten worden, die so stattliche Rente abwürfe.

Doch er verweilte dabei nicht, sondern strebte in frühere Jahre zurück, denen er zuvor ausgewichen war; die vielverschlungenen Erinnerungen vermischten sich mit Gesichten, in denen Tierbilder häufig wiederkehrten: Krokodile, die tückisch im Sumpfe lauerten, um Flüchtlinge mit furchtbarer

Schnelligkeit zu verfolgen; Schlangen, die sich von Bäumen herabfallen ließen und die Füße der Gehetzten umstrickten; Vögel, die aus unmeßbarer Höhe niederstießen, immer größer werdend, um den Verlorenen in Nacht zu hüllen und mit Schnabel und Klauen zu zerfleischen. Endlich vermochte Las Casas einen Vorgang zu entwirren, der sich oft angemeldet hatte und wieder abgewiesen worden war. Auf Kanus einen der großen Ströme des südlichen Festlandes hinaufrudernd und dann in einen Nebenfluß einbiegend, erreichte Bernardino mit seiner Schar eine weite, mit Wasser bedeckte Fläche, die ihnen wie ein Binnenmeer erschien. Aus der Flut ragten gewaltige, von Wasservögeln umschwebte Bäume, und in diesen Bäumen hingen Nester; die Hinzufahrenden erkannten, daß die Nester zu groß waren, als daß sie von Vögeln hätten erbaut und bewohnt sein können. Nun sahen sie, daß Leitern herabführten zum Wasser und zu angeseilten Booten; sie waren aus Rohr gefertigt, setzten in der Mitte des Astwerks ab und stiegen von da in einer scharfen Wendung in die Kronen. Bald erschollen Menschenstimmen in der Höhe, die Nester waren Häuser, die fest aus Holz gefügt und mit geschmeidigen Seilen in das Geäst gebunden waren; da und dort floh noch ein Indio mit dem Fischnetz empor. In den Eingängen, am Ende der Leitern, erschienen Männer mit Bogen, Pfeilen und Lanzen. Unversehens waren die Spanier unter die Waffen eines kriegerischen Stammes geraten; sie hatten Grund, zu befürchten, daß die Geschosse der Indios vergiftet seien, und hätten die Bäume gewiß nicht ersteigen können, ohne verwundet zu werden; die Verwundeten aber würden im Schmerzenskrampf, den das Gift erregte, herabstürzen und ertrinken. So hielten sie Rat, während die indianischen Krieger über ihnen warteten, was sie tun würden.

Plötzlich ließ sich Bernardino unter das geräumigste Haus rudern, das in der Krone eines hochverzweigten Baumes hing und dem Kaziken gehören mußte; er erhob sich im Kanu und begann an den oben erschienenen Stammesfürsten eine jener prahlerischen Reden zu richten, die den spanischen Eroberern sogar in der gefährlichsten Lage und als Vorspiel greuelvoller Untaten beliebten und dem Inhalte nach dem Pater Las Casas wohlbekannt waren. Freilich mochte der indianische Dolmetscher unvollkommen genug die Erklärung nachstottern, daß Gott der Herr, nachdem er Himmel und Erde erschaffen, ein Menschenpaar gebildet habe, von dem alle Menschen, sowohl die Weißen wie die Indios, abstammten; daß der Schöpfer zum Hirten des weitverbreiteten, in unzählige Völkerschaften zerteilten Geschlechtes Sankt Peter bestellt habe, der sich Rom zum Sitz erwählte, um von dort die Welt nach dem Willen Gottes zu regieren. Wie ihm die Völker und Könige gehorsamt hätten zu seinen Lebzeiten, so seien sie auch seinen Nachfolgern untertan bis auf den heutigen Tag; einer dieser Nachfolger habe die Könige Spaniens zu Herren der Inseln und des Festlandes gemacht; diese Könige wieder hätten ihren Sachwalter nach der Insel Haiti gesandt, und in dessen Auftrag spreche er, der Ritter Bernardino de Lares, um dem Kaziken die schuldige Unterwerfung und deren Tribut in Gold abzufordern. Der Kazike möge ohne Furcht herabsteigen und den Tribut entrichten. Aber dieser, der die Ableitung spanischer Hoheitsrechte gewiß nicht verstanden hatte, schüttelte den Kopf: er werde nicht herabkommen, die Fremden sollten dorthin zurückkehren, von wo sie ausgefahren seien, und ihn und die Seinen in Frieden leben lassen wie bisher. – Der Kazike empöre sich gegen das göttliche Recht, schrie Bernadino hinauf; doch seien sie nicht gekommen, um müßige Reden mit ihm zu tauschen.

Damit befahl er zweien seiner Kriegsleute, die Äxte an den Stamm zu legen; sie sprangen aus dem Kanu auf die hochgewölbten, aus dem Wasser ragenden Wurzeln und ließen die Beile auf den erdröhnenden Stamm schmettern. Es wachse kein Gold auf den Bäumen, rief der Kazike herunter, sie hätten zu essen, mehr nicht, und hätten seit Vätertagen hier unangefochten gehaust. Welcher böse Geist die Fremden treibe, den Frieden dieses seines armen Volkes zu stören? Schon senkte sich ein Ast ins Wasser, und von besinnungsloser Zerstörungswut ergriffen, umringten die Gefährten Bernardinos andere Bäume und machten sich an die Holzfällerarbeit, als gälte es einfach, einen Wald zu schlagen. Aber nun zischten neben ihnen die Pfeile ins Wasser; einem Spanier entflog die Axt im Schwunge; unter furchtbaren Schreien stürzte der Getroffene in die Flut, doch kümmerten sich die Gefährten in ihrer Erbitterung nicht um ihn. Schon brach der erste Baum mit kreischenden Menschen ins Wasser nieder, und auch der mächtige Stamm, auf dem der Kazike mit Frauen und Kindern horstete, neigte sich; in seiner Ungeduld sprang Bernardino aus dem Kanu, um Hand daran zu legen. Da riß die Erzählung ab; unklare Vorstellungen von niedersausenden Bäumen, ertrinkenden Frauen, Männern und Kindern, einem Kampfe im Wasser, währenddessen die gleich Fischen schwimmenden Indios die Boote der Spanier umzukippen suchten, folgten; von einem Pfeile auf der Schulter, nahe dem Halse, getroffen, glaubte Bernardino, daß sein ganzer Leib zu einer einzigen schwärenden, unter entsetzlichen Schmerzen sich zusammenkrampfenden Wunde geworden sei. Durch im Wasser liegendes Astwerk, an dem Balken und ertrunkene Menschen hingen, steuerten ihn die Gefährten in den Fluß und stromabwärts der Küste zu, wo die Flotte lag.

Wohl machten sie auf der Streife an der Küste bessere Beute, aber die Nachricht von der Greueltat verbreitete sich rasch. Auf der See kreuzend, hörten sie die Musik der Seemuscheln und Hörner, die zum Kampfe rief; vom Durst gefoltert, wagten sie endlich, in der Nacht an Land zu gehen, um Wasser zu schöpfen. Sie wanderten mit den leeren Fässern und Schöpfeimern suchend landeinwärts, als sie sich plötzlich von bewaffneten Scharen umschlossen sahen; ein Häuptling trat vor, eine Fackel haltend; er wies auf einen Brunnen und steckte neben diesem die Fackel auf. Sie verstanden, daß der niederbrennende Span die ihnen gesetzte Frist bezeichnen sollte, und füllten hastig ihre Fässer unter gespannten Bogen und wurfbereiten Lanzen, von namenloser Angst befallen, die in dem Erzähler noch nachbebte. An der Küste fanden sie zwei ihrer Schiffe im Kampf mit Eingeborenen, die von ihren Booten aus schon die Schiffswände erkletterten; Bernardino, in dessen Körper das Gift wühlte, lichtete den Anker und überließ Gefährten, Schiffe und Fracht ihrem Schicksal. – Der Ritter hatte diese letzte Begebenheit fast nur in Befehlen erzählt, die er stoßweise seinen Gefährten erteilte; die Fackel schien beim Klange drohender Kriegsmusik wieder vor seinen Augen zu brennen und eine unaufhaltsam ablaufende Frist zu messen. Bitten um Fürsprache und Hilfe drängten sich auf seine Lippen; sie waren vielleicht an dasselbe Frauenwesen gerichtet, das er zuvor flehentlich gebeten hatte, wenigstens einen geringen Teil seiner Schätze anzunehmen. Sie möge seiner Seele beistehen, bat er, daß sie nicht verderbe in seinem vergifteten Leibe; seine Zeit laufe ab. Ob sie ihm ferner und ferner rücken wolle, sie, die ihm doch einmal nah gewesen. Aber dann drückte die ausgelöste Wucht der lange vergewaltigten und aufgestauten Erinnerungen alle anderen Empfindungen nieder. Vom Grauen vor der eigenen Vergangenheit und vor sich selbst durchschauert, lag Bernardino in seinen Decken unter dem sausenden Winde, der nun hinter dem Schiffe stand und es über Täler und Berge hinweg mit unheimlicher Schnelligkeit der Heimat zutrieb.

Der Segler legte an den Kanarischen Inseln an, und die Rasttage, die nötig waren, um ihn wieder instandzusetzen, brachten nicht nur dem Ritter Erholung; auch die übrigen Fahrgäste schöpften wieder Mut; ja, unter denen, die mit vollen Beuteln heimkehrten, machte sich bald ein Übermut bemerkbar. Sie stolzierten in den kostbarsten, so lange nicht mehr getragenen Gewändern am Strande auf und nieder, als hätten sie nicht Woche um Woche, in unwürdigstem Zustand zwischen Tod und Leben schwebend, in einer finsteren Kammer verbracht; diejenigen, die dem Pater Las Casas am geflissentlichsten nachgebetet hatten, wenn er in schreckensvollen Stunden seine Stimme erhob, wichen ihm eilfertig aus, sobald er, gefolgt von Comacho und umgeben von einem Schwarme Eingeborener, mit denen sich Neger mischten, am Strande sichtbar wurde. Eines Abends begegnete der Mönch im Ringe seiner Schützlinge auch dem Ritter, der von einem ansässigen Edelmann und dessen Angehörigen begleitet war; von einer unbezwinglichen Verlegenheit befallen, brachte Bernardino, auf dessen Gesicht noch der Schatten des Fiebers lag, keinen andern Gruß hervor, als ihn ein jeder Spanier einem Geistlichen zu bieten pflegte. Der Mönch blieb stehen und folgte den Männern und Frauen mit den Augen; eben neigte sich der Ritter einer neben ihm schreitenden Dame zu, vielleicht um erklärende Worte zu ihr zu sprechen. Die Sonne stand sehr tief und warf über das Meer einen grellen Blitz, indem die Menschenmenge aufleuchtete; dann, in unvermitteltem Wechsel, versank das Licht, die Palmbäume schauerten auf, und die Menschen, die nun den Meeressaum erreicht haben mochten, hoben sich kaum mehr von der grenzenlosen, tiefdunkelnden Weite ab.

Es wurde bekannt, daß der Kaiser, den um diese Zeit der Ruhm seiner Tatkraft, aber auch einer ihm nicht immer eigenen Entschlossenheit umleuchtete, dieses Mal von Spanien nicht scheiden wolle, ohne große Vorsätze durchgeführt zu haben; daß er namentlich die Verwaltung und Ordnung der Kolonien auf das Gründlichste zu prüfen, vielleicht auch umzuformen gedenke, um dann in den vereinigten Königreichen seinen jungen Sohn Philipp als Regenten zu bestellen und sich der größten, das Heil der Christenheit umfassenden Aufgabe zuzuwenden, die seiner in Deutschland harre. Der Kaiser werde in kurzer Zeit in Valladolid erwartet; dorthin sei auch der Indienrat berufen. Diese Nachrichten machten jedoch weniger auf den Vater Las Casas als auf die übrigen Fahrgäste einen erregenden Eindruck. Während das Schiff den Hafen verließ, priesen sich die Heimkehrer glücklich, ihre Ernte eingebracht zu haben, eh das Wetter losbreche; Pflanzer, Minenbesitzer und Soldaten jedoch, die nach den Neuen Indien zurückkehren wollten, erbitterten sich. Ein Geist der Empörung gehe ohnehin durch die Indios, namentlich seit die Neger hinzugekommen seien, die sich oft zu Anführern der Rebellen aufwürfen und mit ihnen ins Gebirge flüchteten; wenn nun der Kaiser, wie fast zu befürchten sei, schlecht beraten würde und sich der Indios annehme, so würden die Spanier in der von ihnen entdeckten Welt nichts mehr zu befehlen haben.

Schlimmer als das, rief ein Pflanzer aus Kuba dazwischen, die Spanier könnten auf der Stelle verhungern. Einer seiner Freunde, der eine Goldmine betreibe, habe in Erfahrung gebracht, daß seine seit langem unzufriedenen Indios eines Abends beim Verlassen der Arbeitsstätte entschlossen waren, nicht mehr zurückzukehren. Er sei ihnen nachgeschlichen bis vor ihr Dorf und habe sie dabei überrascht, wie sie, unter Baumgruppen stehend, Seile untereinander verteilten, um sich samt und sonders zu erhängen. Denn so tief wurzle die Widersetzlichkeit in diesem faulen Gesindel, daß es lieber stürbe, als seinen spanischen Herren mit rechtschaffener Arbeit zu dienen. Glücklicherweise sei der Minenbesitzer, ein gewitzigter Mann, auf den rechten Einfall gekommen; er sei hervorgetreten und habe inbrünstig um ein Seil für sich selbst gebeten, damit auch er sich erhängen könne. Denn wie er leben solle, wenn sie nicht für ihn arbeiteten? So wolle er lieber mit ihnen gehen, um drüben ihr Herr zu sein und wieder von ihnen ernährt zu werden. Da hätten die Indios, die ja einem Christen ein großes Wissen um das Jenseits zutrauten, in ihrer Einfalt geglaubt, daß sie auch dort ihrem Herrn nicht entrinnen würden; sie hätten ihre Seile weggeworfen und seien am andern Morgen wieder im Bergwerk angetreten. Diese Geschichte wurde viel belacht und belobt; von allen Fahrgästen hätte vielleicht nur der Pater Las Casas ermessen können, wieviel Leid in ihr verborgen war.

Aber dieser war so sehr mit der Ausarbeitung von Schriftstücken beschäftigt, daß er sich weder um die Unterhaltung der Reisenden noch um seinen Nachbarn kümmerte. Die Gemeinschaft, die sich in der Enge und Gefahr der Seereise zu bilden pflegt, hatte sich seit der Landung nur flüchtig wiederhergestellt; je näher sie der Heimat kamen, um so mehr machte sich ein jeder, und zwar nicht nur in der Sorge um sein Gepäck, bereit, seinen eigenen Weg zu gehen. Erst als sich in der Südküste Spaniens die Mündung des Guadalquivir vor den Augen der Reisenden wie ein gewaltiges Tor öffnete, näherte sich der Ritter dem Pater, der in Begleitung Comachos auf dem Verdeck stand. Er habe ihm für vieles zu danken, sagte er in aufrichtiger, wieder ganz unbefangener Höflichkeit; aber er werde gewiß eine bessere Gelegenheit finden als jetzt. Denn er reise über Toledo in seine Heimat, nach Valladolid, wo seine Brüder wohnten; dort hoffe er, den Vater Las Casas als einen hochverehrten Gast aufnehmen zu dürfen. Las Casas betrachtete sinnend den goldbetreßten Hut und das reichbesetzte Wams des Ritters; gewiß, sagte er dann ruhig, auch er komme nach Valladolid, wo er wichtige Geschäfte habe, und er werde nicht vergessen, nach seinem Reisebegleiter zu fragen. In diesem Augenblick polterte der Knecht Bernardinos unter der Last des mit schweren Schlössern versehenen Gepäcks aus dem Schiffsraum herauf, und zugleich sprangen die ersten Matrosen, ein Lied an die Jungfrau singend, unter die Menschenmenge, die am Strande von San Lúcar den Indienfahrer erwartete. Da trat der Mönch nahe an den Ritter heran, sah ihm starken Blicks ins Auge und wies mit der Rechten auf die Gepäckstücke, die auf der Schulter des Knechts lasteten: »Wirf diesen Plunder weg«, sagte er fest, »eh er dir zum Gericht wird, und erbarme dich deiner Seele, auf daß Gott sich ihrer erbarme!«
Bernardino erbleichte bis in die Lippen und kehrte sich schweigend um, das Schiff zu verlassen; er hielt sich, wie von einer Schwäche befallen, an einer Kiste fest; bald wurde er

unten inmitten der Menschen sichtbar, die er wieder in stolzer Haltung durchschritt, während die hochgetürmte Last hinter ihm herwankte. Nun verließ auch Las Casas, der von niemandem erwartet wurde, das Schiff; Comacho trug das leichte Bündel, und der Pater legte ihm, als sie über den Hafenplatz gingen, die Hand auf die Schulter, wie um ihn vor der fremden Umwelt zu schützen.

ZWEITES KAPITEL

Aus dem Lärme Sevillas, wo das Gewoge der Seefahrer, Geistlichen, hohen Beamten und verschiedenartigen Volkes im Schimmer andalusischer und noch grellerer exotischer Farben sich durch die engen schattigen Gassen wälzte, trat Las Casas mit seinem Begleiter in die Kathedrale. Die ungeheure Wucht des dunkelnden Raumes ließ Comacho kaum aufsehen; scheu und zitternd folgte er seinem Herrn in eine Seitenkapelle.
Dort lag unter dem Wappenschilde der Las Casas ein Alkalde der Stadt; der Pater pflegte sein Grab aufzusuchen, sobald er aus den Neuen Indien nach Spanien kam, wie es in ungleichen Abständen nun schon oft geschehen war; vielleicht fühlte er aber nie ein tieferes Bedürfnis, an der Gruft der Vorfahren zu beten, als dieses Mal. Denn, so erklärte er danach einem Vetter, den er in der Vorstadt in dem alten Familienhause aufsuchte, die Ahnen seien als Kreuzesstreiter mit dem heiligen Ferdinand in das Land gekommen; ein Kreuzesstreiter sei auch er, freilich ohne Wappen und ohne Schwert. Wenn aber die Ahnen heute lebten, so würden sie, die edlen Sinnes und Muts waren, vielleicht an seine Seite treten und das Heidentum in den Christen bekämpfen. In seiner schroffen Art richtete Las Casas damit einen Tadel an den Vetter, der diesen noch grämlicher machte; es war dem Gescholtenen längst zur

Last, daß der geistliche Verwandte als Verteidiger der Indios den Familiennamen zum Panier in einem Streite gemacht hatte, der Spanien und die Neue Welt erfüllte. Ruhm und der Dank der Könige seien der Lohn der Ahnen gewesen; Hohn, Feindschaft und selbst der Fluch der Lächerlichkeit seien der Lohn des ›Vaters der Indios‹, wie man den Bruder Bartolomé überall nenne, antwortete er bitter.

Las Casas verweilte nicht; er hatte auf der Casa de contratación, der im alten Alkazar ansässigen Behörde der Indienregierung, erfahren, daß der Kardinal Loaisa von Sevilla, der Präsident des Indienrates, bereits in Valladolid weile, am Hofe des inzwischen dort eingetroffenen Kaisers; auch sei der große Gegner des Las Casas, der Rechtslehrer Ginés de Sepulveda, entschlossen, dieses Mal vor dem Indienrat und, wenn es sein müsse, vor dem Kaiser selbst gegen den Dominikaner die These zu verfechten, daß die Indios allein durch kriegerische Mittel bekehrt werden könnten. Auf der Weiterreise in den Norden empfing Las Casas die Aufforderung des Monarchen, in die Disputation mit Sepulveda einzutreten; der Herrscher selbst hatte die Theologen und Rechtslehrer ernannt und vielleicht auch ausgewählt, die an ihr teilnehmen sollten. Wo immer der Mönch mit seinem indianischen Begleiter einsprach, fand er die Menschen mit dem Kaiser, seinen Taten und Plänen beschäftigt; der afrikanische Feldzug hatte Karl V. in den Augen der Spanier mit dem alten, für einen König ihres Landes vielleicht unermeßlichen Ruhme des Maurenbesiegers umgeben. Nur die Eingeweihten, deren Freunde oder Verwandte mit dem Kaiser unter Sturm und Regen vergeblich vor Algier ausgehalten hatten, wußten, daß auch dieser Zug, wie so viele Unternehmungen des Monarchen, von einem rätselhaften Mißgeschick beschattet war; in bitterstem Schmerzze, der nur langsam der Ergebung gewichen, habe Karl die Heimfahrt von der unbezwungenen Stadt angetreten; daß man ihn in den spanischen Städten wie einen Sieger begrüßte, habe die ihn oftmals heimsuchende Schwermut noch vermehrt.

Der Pater war froh, wenn er unerkannt seines Weges ziehen konnte durch das vielbewegte Land; eine jede Stunde der Rast nutzte er für die Ausarbeitung seiner Papiere und die Vorbereitung auf die Disputation. Je näher er der Mitte kam, um so häufiger hörte er seinen Namen; in Toledo und Madrid wußten die Menschen auch von den Einzelheiten des Streites, der am Kaiserhofe verhandelt werden sollte: daß der Doktor Sepulveda in einem Buche seine Sätze von dem Rechte der Spanier auf die Unterwerfung der Indios niedergelegt, der Pater Las Casas aber die Veröffentlichung dieses Buches auf jede Weise hintertrieben habe. Freilich, nur solche sprachen davon, die entweder mit dem Schwerte oder als Händler Nutznießer der Kolonien waren oder es als Angehörige der Konquistadoren zu werden hofften; hätte der Pater die Flüche, die auf seinen Namen gehäuft wurden, höher angeschlagen als den Segen, den jenseits des Meeres so mancher Verlassene in bitterster Not auf ihn herabrief, er wäre wohl schwerlich so sicher, mit einem Schütteln seines hocherhobenen Hauptes, einer raschen Abkehr, die ein Gespräch abschnitt und ihn wieder zum einsamen Wanderer machte, seinem Ziele zugeschritten.

Erst im Kollegium des heiligen Gregor in Valladolid, unter den Brüdern seines Ordens, fühlte sich der Heimgekehrte beschützt; in Demut grüßte er seinen Oberen und die älteren Brüder, die ihn schon manches Mal in undenkliche Ferne hatten fortziehen und aus ihr wieder heimkehren sehen. Trug er mit fast sieben Jahrzehnten auch eine Alterslast, die ihn ehrwürdig hätte machen müssen, so erwies er doch den Achtzigjährigen die Ehrerbietung, die der Mann dem Greise schuldete; ihm, sagte er dem Bruder Antonio, einer tief gekrümmten, ausgezehrten Gestalt, danke er besondere Hilfe, die ihm auf der Wanderung durch Guatemala zuteil geworden. Des Weges unkundig, zwischen ungeheuren Bergen, keinen Ruf vernehmend als den trügerischen geheimnisvoller Vögel, habe er plötzlich die Kraft einer Fürbitte gespürt, und er meine, diese Hilfe sei ihm von dem Bruder Antonio gekommen. Dieser wehrte ab, indem er mit seinen schwachen Armen nach oben wies; mit einem jeden Jahr schien der fromme Greis der Welt wieder näher zu kommen, in der er aufgewachsen war. Damals wußte noch niemand von den Grenzen des Meeres und den Ländern, die dort sich auftaten; sprachen aber die Brüder von der Missionsaufgabe ihres Ordens, die sie mit heißer Leidenschaft erfüllte, oft auch mit Uneinigkeit bedrohte, so hörte er mit demütigem Lächeln zu: die Welt sei so unbegreiflich geworden, sagte er dann; sie werde immer weiter und dunkler. Er verstehe nicht mehr von ihr, als daß man für sie beten müsse und immer mehr beten, je größer und dunkler sie werde. Aber, fügte er einmal hinzu, die kleinere Welt sei ihm lieber gewesen, und schon diese hätten die Menschen nicht erfüllen können mit dem Geist des Herrn und der Liebe; für die große, die ihnen Gott geschenkt, sei ihre Kraft viel zu gering. In einer kleinen Kapelle hätte er sich früher wohl zu predigen getraut, aber nicht in einer Kathedrale. Und er gab sich dann mit einem Eifer, der allein noch seine Lebenskraft auszumachen schien, aufs neue seinem stillen Dienste hin. In den folgenden Tagen berieten die Brüder auf das eifrigste die bevorstehende Disputation; sie galt zunächst allein dem Rechtsstreite, ob, wie Sepulveda unter dem Beifall der Kolonisten, eines großen Teils der hohen Beamten und selbst der Geistlichen lehrte, die Unterwerfung der Indios der Bekehrung vorausgehen müsse oder ob, wie es die Überzeugung des Las Casas und seines Ordens war, das Bekehrungswerk allein mit den Mitteln des Glaubens und gewissermaßen unabhängig von der Rücksicht auf den Staat die eigentliche Aufgabe der Spanier in den Neuen Indien sei. Um des Rechtes willen, erklärte Las Casas noch einmal den im Kapitelsaal versammelten Brüdern, sei er vor mehr als dreißig Jahren in den Kampf getreten, habe er doch als junger, seiner Pflichten nicht bewußter Mensch in Salamanca das Recht studiert und es bis zum Lizentiaten gebracht, ohne aus der Erkenntnis des

Rechtes heraus zu leben. Erst die Predigt frommer und gelehrter Brüder des Ordens habe ihm auf Haiti und Kuba die Augen geöffnet für die Hoheit des Rechts und die grauenvolle Mißhandlung, die es erlitt; wie die Sorge um das Los seiner unwürdigen Seele, so verdanke er dem Orden auch den Eifer für das Recht, der etwa in ihm brenne, und er sei geneigt, diesen für eine größere Kraft zu halten als das Mitleid, das eines jeden Christen natürliches Erbe sei. Mit Rechtsgründen denke er mit der Unterstützung und nach dem gütigen Rate der Brüder dem Doktor Sepulveda entgegenzutreten, der den Staat höher zu schätzen scheine als das ewige Recht und den Dienst an seinem irdischen Herrn höher als den Dienst an Gottes Sache, während doch in Wahrheit keine Ordnung auf Erden bestehen könne und dürfe, die nicht der Vorbereitung auf die Ewigkeit diene und das schwere Tagewerk des Menschen zu einer Arbeit in Gottes Weinberg erhebe. Dies sei sein Glaube; und dieser Glaube müsse gerade jetzt vertreten werden, da das spanische Volk in Gefahr sei, seine Seele an irdische Mächte zu verkaufen. Sollte er aber als ein schwacher unzulänglicher Mensch mit seinen Gründen nicht obsiegen – was ja immer nur an der Vertretung der Sache, niemals an dieser selbst liegen könne –, so sei er entschlossen, von sich selbst zu sprechen, von seinem Kampfe und von dem, was er erfahren und gesehen.

Sicherlich habe ihn Gott der Herr nicht mit Gaben segnen wollen, fuhr Las Casas fort, das Wogen in seiner Brust niederringend, aber darin müsse er vielleicht doch einen Segen und einen Auftrag erblicken, daß Gott ihn das ganze unaussprechliche Leid der Menschen habe sehen lassen, den Jammer der Indios und den verborgenen, den Priester noch härter bedrükkenden Jammer des eigenen Volkes, das, genarrt von falschem Glück, seine Seele verliere. Denn die, deren Leib von Hunger und Marter verzehrt würde, könnten auf die Barmherzigkeit des Weltenrichters hoffen; auch die Indios bedürften ihrer, seien sie doch, wie alle Menschen, gewiß schuldig vor Gott; was sollte aber mit denen geschehen, deren Seele erstickte im aufgedunsenen Leibe? Sie könnten dem Herrn nicht einmal ein rechtes Leiden bieten, das selbst in den Händen des Sünders einen gewissen Wert behielte. Könnte er nun mit Gründen nicht überzeugen, so vielleicht doch mit einem Bilde der doppelten Not, deren unseliger Zeuge er sei. Der Kaiser habe dem Streit mit Sepulveda, der in der Tat nicht darum gehe, ob ein Buch erscheinen solle oder nicht, sondern um das ewige Heil der Völker diesseits und jenseits des Meeres, hohe Aufmerksamkeit erwiesen; schwerlich werde der Monarch in der Disputation erscheinen, aber er werde sich genau darüber berichten lassen und die Berichte auf seine Art auf das gewissenhafteste prüfen. Allein in seinen Händen liege die Entscheidung. Dann möge die Stimme des Bruders Las Casas wieder an die Ohren Karls V. dringen wie vor mehr als zwanzig Jahren, da der Kaiser noch ein zuversichtlicher Jüngling gewesen war und er, der Pater, ein von seinem Gewissen gezauster, aber von vielen Träumen geplagter Narr. Und er könne nicht glauben, daß der Monarch unter all dem Glück und Schmerz, die er seitdem erfahren habe, ein anderer geworden sei und sich der Sprache menschlicher Not verschließe, die ihn damals, am Anfang seiner Laufbahn, bewegt habe.

Die Mönche, deren Stolz es war, daß Träger ihres Gewandes zu den ersten Verteidigern des ewigen Rechtes in den Neuen Indien gehörten, billigten den Entschluß ihres Bruder, das etwa verstockte Gewissen der gelehrten geistlichen und weltlichen Richter mit einer jeden ihm zu Gebote stehenden Kraft und Aussage zu erwecken. Es blieben noch einige Tage bis zum Beginn der Disputation; sie sollten der geistlichen Vorbereitung gewidmet sein; vor allem wollten die Mönche Gott bitten, daß er das Herz des Kaisers für das Anliegen des Las Casas öffne.

Erst in diesen Tagen fand der Pater Zeit, in Valladolid nach seinem Reisegefährten Umschau zu halten. Er hatte die Häuser der beiden Brüder des Ritters erfragt und war auf dem Wege dahin, als er inmitten der hin und her flutenden Hofbeamten, Räte und Bediensteten eines schmalen, schwarz gekleideten Mannes ansichtig wurde, der hochaufgerichtet und fast ein wenig steif das Menschengetriebe zerteilte. Sein Gesicht war scharf geschnitten und von einem herben Geiste geprägt, der sichere Macht über eine starke Leidenschaft errungen hatte; und von derselben beherrschenden Kraft zeugte der gesammelte, etwas starre Blick. Der breitschultrige Mönch und der Fremde zögerten für einen Augenblick, als sie aneinander vorübergingen; ihre Blicke tauchten ineinander ein; jeder mochte fühlen, daß dies der Mann sei, den er jahrelang und oft über weite Fernen mit wachsender Leidenschaft bekämpft hatte und dem er in wenigen Tagen vor der Öffentlichkeit in rücksichtslosem Kampfe gegenüberstehen werde. Aber sie grüßten einander nicht.

Nach wenigen Schritten stand der Mönch vor einem Adelshaus, das über breitem Portal zwischen hochgelegenen Fenstern das Wappen der Lares trug; er klopfte und fragte durch ein vergittertes Fensterloch neben der Tür nach dem Ritter Bernardino. Er wisse nichts von einem Edelmanne dieses Namens, schrie der Türhüter, ein noch junger Mensch, heraus. Ob nicht der aus Indien zurückgekehrte Bruder des Herrn im Hause wohne, fragte Las Casas. Der Türhüter sah verächtlich auf Comacho, der scheu hinter seinem Herrn stand. Volk aus den Indien treibe sich genug hier herum, rief er durch die Gitterstäbe, aber nicht im Palast, sondern auf der Straße. Vor etwa zwei Wochen sei auch ein Mensch dagewesen, der sich für einen Bruder des Herrn ausgegeben habe; doch sei er schlecht angekommen.

Damit war das Gespräch geschlossen; Las Casas ging zu dem zweiten Hause, das nicht weit, hinter einer Ecke in einer anstoßenden Gasse gelegen war. Auch da fragte er vergeblich; doch kaum hatte er die Tür geschlossen, so kam ihm ein weißköpfiger Diener nachgelaufen. Der Bruder des Herrn sei dagewesen, flüsterte er dem Pater zu mit der Bitte, nicht stehenzubleiben; der Herr habe ihn nicht erkannt, und doch sei es Bernardino gewesen, wenngleich ihn das Schicksal sehr verwandelt und er vielleicht Schweres erduldet habe in Indien. Nur für wenige sei ja die Ausfahrt ein Glück. Es sei freilich ein besonderes Mißgeschick, daß der junge Herr – so mochte der Diener den Ritter nennen, weil er als der jüngste der Brüder in der Vorstellung des Alten jung geblieben war – gerade jetzt gekommen sei; denn es sei kaum ein Bett zu finden in Valladolid seit der Ankunft des Kaisers. Damit führte er den Mönch durch ein paar trübe Gassen und durch das Tor eines Wirtshauses in dessen Hof; sie stiegen auf einer leiterartigen Treppe zu der Holzgalerie hinauf, die den Hof in der Höhe des ersten Stockwerks umlief. Der Alte öffnete eine Tür, und sie betraten eine schlauchartige Kammer, die von dem geschäftstüchtigen Wirte offenbar um die Hälfte verkleinert worden war; denn eine dünne Wand durchschnitt das Fenster in der Mitte. In dem spärlichen Lichte, unmittelbar unter dem Fenster, lag Bernardino auf einem schlechten Bett neben den Gepäckstücken; aber befremdlicher als die elende Umgebung mußte es für Las Casas sein, daß Bernardino in Fetzen gekleidet war, die nur ein Bettler abgelegt haben konnte.

Die Freude des Wiedergefundenen ließ zunächst keine Frage zu; er preßte die Hand des Mönches mit seinen heißen Händen; er pries den alten Diener, den einzigen, der in der Vaterstadt ein Herz für ihn habe, und ermahnte ihn unter Segenswünschen und dem Versprechen hohen Lohnes, zurückzugehen, auf daß er im Hause nicht vermißt werde; er versuchte mehrmals, sich vom Lager zu erheben, aber es zeigte sich, daß seine Glieder ihm nicht recht gehorchen wollten. So ließ er sich plötzlich zurückfallen mit einem Seufzer, der aus tiefster Seele zu kommen schien, und der Ausdruck unsäglicher Bitterkeit lagerte sich über sein von der sinkenden Sonne matt beschienenes Gesicht. Seine Augen öffneten sich wieder und sahen in das Licht hinauf, das wie ein schimmerndes Tuch

56

über den oberen Teil der Wand und dann über das Haus und den Himmel gezogen wurde, bis der unermeßliche farblose Raum über den Dächern stand. Plötzlich stützte er sich auf: »Ich bin ein Bettler geworden, Vater Las Casas, und vielleicht ein viel ärmerer als diejenigen, die im Klostertor ihre Suppe löffeln oder vor dem Palast des Kaisers die Münzen auffangen. Ja, ich habe all mein Gut noch«, – er bemühte sich, mit dem Fuß an den Kasten zu stoßen – »aber es ist weniger wert als der Real in der Tasche eines Armen.«

Las Casas sah nun, daß unter den Fetzen das reichgezierte Tuch leuchtete, in das der Ritter auf dem Schiffe gekleidet war; er verstehe ihn nicht, sagte er tadelnd, warum er diese Maske anlege; man dürfe mit dem Kleide der Armut ebensowenig Mißbrauch treiben wie mit dem Mantel eines Königs. »Eine Maske ist es freilich«, erwiderte Bernardino, »aber sie führt zur Wahrheit; nie hätte ich ohne diese Maske die Wahrheit erkannt. So verderbt ist alles in dieser Welt, daß die Lüge den Schleier von der Wahrheit reißen muß und der Mensch der Wahrheit mit der niederträchtigsten Lüge antwortet. Doch will ich dir sagen, warum ich die Maske anlegte und was sie mich gelehrt hat.

Von Sevilla reiste ich fast ohne Aufenthalt nach Toledo; dort wohnte mein liebster Freund, und ich freute mich fast ebensosehr, ihn wiederzusehen wie meine Brüder und meine Vaterstadt. Ich fand den abseitigen Platz wieder, in dessen Mitte ein durch Stufen erhöhtes Steinkreuz stand; auf den Stufen unter dem Kreuze hatten wir uns vor langen Jahren die Hand gegeben, nichts anderes im Kopfe als die Reichtümer, die ich aus Indien mitbringen würde. Mein Freund hatte ja großen Besitz geerbt; auf mich, als den dritten Sohn, war von meinen Vätern wenig gekommen. Nach meiner Rückkehr wollte ich ein Stadthaus kaufen neben dem meines Freundes; das hatten wir ausgemacht, und hundertmal dachte ich daran in Indien. Ich wollte abwechselnd mit ihm und meinen Brüdern wohnen. Aber das Haus meines Freundes sah verfallen aus; höl-

zerne Pfosten stützten den Balkon, der sonst vielleicht nieder-
gebrochen wäre; der kunstvolle Beschlag der Tür, über die
sich der breite Schatten des Kreuzes gelegt hatte, war verro-
stet. Die Tür war unbewacht; ich trat ein und ging durch bis
in den Hof, wo wir jungen Leute so oft im Übermut gesessen
hatten, ehe uns der Goldrausch packte und auseinander trieb.
Der Brunnen in der Mitte murmelte noch schwerfällig fort,
aber die Blüten und Palmen, die ihn einst umkränzt hatten,
waren verschwunden, und nur ein paar elende Gewächse
kümmerten an der Hauswand hin. Ich lehnte mich an den
Hofeingang; vom Turm der Kathedrale dröhnte der Stunden-
schlag nieder, nie war es mir früher zu Bewußtsein gekommen, daß die Glocke so nahe war. Es war, als hinge sie unmittelbar über dem Hofe. Zum ersten Mal fühlte ich, daß ich
wieder in Spanien war. Es eilte mir nicht mehr; ich wartete,
ohne zu wissen, worauf; wenn ich Stimmen oben im Hause
hörte, fürchtete ich gesehen und erkannt zu werden. Endlich
ging ich hinauf.
Ich überraschte meinen Freund in der Galerie und rief ihn mit
dem alten Namen an, den er seit meiner Abfahrt nicht mehr
gehört haben mochte. Seine Freude war sehr groß, ja stür-
misch, wie es in seiner Art lag; dann fiel es ihm wieder schwer,
an meine Rückkunft zu glauben, so als sei ein Wunder geschehen, das auf längst nicht mehr erhoffte Weise sein ganzes
Leben doch noch verändern werde. Seine Frau und seine beiden Töchter kamen herzu; es fing an, mich zu bedrücken, daß
ihre Blicke an meinen reichen Kleidern hingen. Nach dem
Sohn wagte ich nicht zu fragen. Dann wurde unser Zusammensein beklemmend. Sie forschten, ob ich Glück gehabt
hätte in Indien, und ich antwortete mit einem unumwunde-
nen Ja; denn ich muß dir gestehen, Vater Las Casas, ich war
von dem Augenblick an, da ich spanischen Boden betreten
hatte, entschlossen, alle Opfer zu verschweigen, die mein
Glück mich gekostet hatte, und als ungebrochener Sieger vor
den Menschen zu erscheinen. Nur in der Stille hoffte ich man-

ches gutzumachen. Aber vielleicht müssen wir unweigerlich an die Stelle unseres Weges zurück, wo wir vom rechten Ziele abgewichen sind, und wenn wir auch fast den ganzen Lebensweg zurückwandern müßten; vielleicht ist das der Sinn meines Lebens gewesen, und vielleicht mußte ich darum zu dem Platze zurück, auf dem das Kreuz stand.

Ihnen freilich, sagte die Frau meines Freundes bitter, sei das Glück, das wir drüben in den Neuen Indien gefunden hätten, zum Verderben geworden. Je mehr Gold wir herausgewühlt hätten, um so schlechter sei das spärliche Gold geworden, das die Väter auf eine ehrliche Weise erworben und ihnen hinterlassen hätten; und seit gar die Flotten aus Peru die verruchten Reichtümer dieses Landes herüberbrächten, schmölze ihnen Hab und Gut unter den Händen hin. Drüben würden Bauernsöhne von der Art des Almagro zu reichen Herren, so daß ein Adliger in der Heimat froh sein könnte, wenn ein solcher seine verarmte Tochter freien wolle. Endlich sei ihr Sohn ausgefahren, den Verlust wettzumachen, aber ohne Glück; er sei im Meere umgekommen, eh er das gelobte Land betreten habe. – Was soll ich dir weiter sagen, Vater Las Casas? Ich fühlte das, was ich mein ›Glück‹ genannt hatte, als einen furchtbaren Vorwurf und fast als eine Schuld; schlimmer noch war, daß sich die Gier in alle Äußerungen meiner Freunde drängte. Ich sollte bleiben, sie wollten mir ein Stockwerk ihres Hauses einräumen; aber ich hatte kein Zutrauen mehr zu ihrer Liebe; ich fürchtete, daß sie der Liebe nicht mehr fähig seien. Wie gerne hätte ich ihnen von meinen Gütern gegeben, die sie ins Ungemessene überschätzten. Aber sie konnten nicht mehr als Freunde empfangen; sie waren zu besitzgierigen Bettlern geworden; und so habe ich, was ich ihnen gelassen habe – freilich ohne Freude zu erwecken –, wohl auch nicht als Freund gegeben. Als ich bei Nacht wieder über den Platz ging – das Kreuz hob sich schwarz in den Sternenhimmel –, wußte ich, daß ich nun nie mehr zurückkehren würde und diesen Teil meines Weges zu Ende gegangen war.

Auf der Fahrt nach Madrid begann der Gedanke mich zu quälen: wie, wenn es ähnlich stünde mit deinen Brüdern und auch sie dir nur Liebe zeigten um des Goldes willen? Da entschloß ich mich, eine Probe auf ihre Zuneigung zu machen und als Bettler heimzukehren.« – »Du hast nicht gut daran getan, Freund«, warf Las Casas ein, »wir haben kein Recht, die Probe auf unseresgleichen zu machen, wissen wir doch nicht, wie wir sie selbst bestehen würden! Hast du vergessen, daß ein jeder von uns verloren ist, sobald ihn Gott wirklich versuchen will?« Bernardino sann nach: »Es ist wahr; aber ich war so hungrig nach unverfälschter Freude, daß ich bei der geringsten Regung echter Liebe die Lumpen, die ich von einem Bettler eintauschte und über meine Kleider zog, heruntergerissen hätte. Ich büßte die Maske schwer; krank brauchte ich mich nicht zu stellen, wie ich mir vorgenommen; das Gift gärte wieder in meinem Körper, und ich quälte mich mühsam genug durch die Straßen Valladolids, nachdem ich meinen Knecht mit dem Gepäck in den Gasthof geschickt hatte.

So kam ich an den Palast des Älteren unter meinen Brüdern. Der Türhüter wollte mir nicht glauben, daß ich ein Bruder seines Herrn sei, bis ich ein kleines Bildnis meiner Mutter hervorzog und ihm als Ausweis durch das Gitter reichte. Er musterte mich und ging; nach einer Weile öffnete sich über mir ein Fenster; mir schoß das Blut ins Gesicht, ich wagte nicht aufzustehen, weil ich dann meine Freude nicht hätte bemeistern können. Aber ich drehte mich seitwärts und sah die Straße hinunter, so daß mich der Herabschauende erkennen mußte. So stand ich lange, noch immer in heißer Zuversicht, bis das Fenster wieder geschlossen wurde; ich hörte erregte Stimmen über mir, aber die Tritte, die nun, wie ich glaubte, die Treppe herab und an das Tor stürmen müßten, hörte ich nicht. Zorn und Schmerz wogten in mir durcheinander; ich hätte die Vorübergehenden zusammenrufen und ihnen zuschreien mögen: dies ist das Haus meines Bruders, der mich verleugnet, weil ich als Bettler heimkehre; und ich bin doch kein Bettler, seht! Aber dann bezwang ich mich; ich setzte meine ganze Hoffnung auf das nächste Haus, dessen Besitzer mir immer als ein besserer Mensch erschienen war, nahm das Bild wieder durch das Gitter entgegen, schleuderte das beigelegte Almosen zurück und ging.

Am zweiten Hause hatte ich keinen Ausweis nötig. Mein Bruder trat aus dem Tore, eine Frau an der Seite, die wohl meine Schwägerin war; ich blieb stehen und hatte alle Mühe, meine Arme nicht auszubreiten; denn unsere Blicke trafen sich, und er erkannte mich sofort, als seien nicht Jahrzehnte zwischen ihm und mir dahingegangen. Er blieb stehen, da liefen seine Blicke über meine Kleider, und zugleich prüfte mich seine Frau mit einem raschen Blick. Ob er denn gar noch einem kranken Bettler um den Hals fallen wolle, hörte ich sie mit scharfer Stimme fragen. Er wollte eine Erklärung hervorbringen, Schamröte übergoß ihn, aber ohne Macht über sich selbst kehrte er sich ab und verließ mit seiner Frau die Gasse. In diesem Augenblick wurde mir alles zunichte, was ich getan und erworben hatte. Ich setzte mich auf die Schwelle; dort fand mich der Diener, der mich erkannte und mich hierher führte. Es ist wahr«, fuhr Bernardino nach einer Pause fort, »daß mein Bruder inzwischen den Alten wiederholt gefragt hat, ob sich nicht ein Bettler vor dem Hause gezeigt habe; er hat ihm auch eine genaue Beschreibung meines Aussehens gemacht, freilich ohne anzudeuten, wer ich sei, und dem Diener aufgetragen, nach mir zu suchen. Aber ich habe dem Alten verboten, von mir zu sprechen. Ein heimatloser Bettler bin ich geworden, und ich will es bleiben.«

»Werde lieber ein Pilger, armer Freund,« sagte der Mönch, dem Liegenden übers Haar streichend; »fühlst du nicht, daß Gott dich führt und welche Barmherzigkeit er mit dir hat? Auch der Bettler läuft den Gütern nach und ist nicht freier, als es der Reiche ist; jeder verlangt auf seine Weise nach Besitz. Aber dich will Gott vielleicht freimachen.« – Im Kloster erzählte Las Casas dem Bruder Alonso, einem schwerhörigen Mönch, den er sich um seiner starkmütigen Frömmigkeit willen vor langer Zeit zum Seelenhirten erwählt hatte, von Bernardinos Schicksal. Er getraue sich nicht, das Zeichen der Gnade aus einem Menschenantlitz oder in den verworrenen Linien eines Lebens abzulesen; aber von unfaßbarer, schreckenerregender Erhabenheit sei es, daß dieses Zeichen selbst einem mit den entsetzlichsten Verbrechen belasteten Menschen anhaften und auf unaufhaltsame Weise das Wirrsal seines Lebens ordnen könne; daß dieses Zeichen imstande sei, auch das greulichste Geschehen auszutilgen und den Stoff eines heillosen Lebens zu verzehren. So könne er sich oft der Hoffnung nicht verschließen, daß die Seele des Adelantado Hojeda, den er selbst als einen kranken gebrochenen Mann in den Straßen Santo Domingos gesehen habe, gerettet worden sei. – Las Casas möge nicht ablassen von dem Menschen, der ihm Anlaß zu solchen Erwägungen gegeben, antwortete Alonso, auch dürfe der Pater, fügte er mit seiner lauten Stimme hinzu, über der bevorstehenden Disputation nicht etwa die Sorge um das Seelenheil dieses Menschen versäumen; der Sieg seiner Sache wäre viel zu teuer bezahlt, wenn ihretwegen ein Bedürftiger den nötigen Zuspruch entbehren sollte.

So verging kein Tag, an dem Las Casas nicht einige Zeit am Bett Bernardinos zugebracht hätte; oft kam der alte Diener für eine Stunde herüber. Er schien eine große Verehrung für den Mönch gefaßt zu haben und saß meist mit Comacho schweigend oder vielleicht auch betend an der Tür. Auf die Bitte von Las Casas brachte er einmal einen Arzt mit; als dieser gegangen war, fragte der Alte, ob er seinem Herrn nicht doch die Anwesenheit Bernardinos melden solle; sobald sein Herr wisse, wie es um seinen Bruder stände, würde er ihn gewiß in sein Haus aufnehmen und sorgfältig pflegen lassen. »Habe Geduld, lieber Freund«, erwiderte Las Casas, »es steht zwar schlimm um den Ritter, aber er ist in der Hand des besten Arztes, der sich auf seine Seele versteht; und mehr können wir nicht tun, als diesem Arzt mit unserm Glauben helfen. Dann wird vielleicht auch das Zerwürfnis, das die beiden Brüder in ihrem Leben angerichtet haben, geschlichtet werden.«

Inzwischen hatte die Disputation begonnen; Las Casas kam oft spät, um die Nacht als Krankenwärter an Bernardinos Bett zu verbringen. Der Stuhl genüge ihm als Ruhelager, sagte er abwehrend, er sei es gewohnt, die Nacht auf jede Weise auszuhalten. Nie werde er die Nächte im nördlichen Haiti, in der Provinz Baynoa, vergessen, da er auf der Wanderung in einem der frucht- und blütenreichen Täler unter Bäumen gerastet habe; die Dunkelheit habe ihn oft überrascht, so daß er sein Brevier nicht habe lesen können. Doch Gott habe ihm aus der Fülle seiner Wunder geholfen und ihm die Leuchtkäfer gesandt, die dort allenthalben über den Feldern und Bächen schwebten; zwei solcher Tiere, die er in der Hand gehalten, hätten einen so hellen Schein auf das Papier geworfen, daß er auch die kleinste Schrift ohne Mühe habe lesen können; und oft sei ihm unversehens der Morgen herabgekommen, der nirgendwo so heiter sei wie in diesen frischen, vom Meerwind überwehten Tälern. Dann habe ihm die Morgenluft alle Müdigkeit genommen, und er sei froh und dankbar weitergeschritten durch diesen gesegneten Garten, der dem Paradies nicht nachstehen könne. Das Gesicht des Las Casas wurde in solchen Augenblicken der Erinnerung von einer Jugend überglänzt, die der Ritter staunend wahrnahm; es wäre nicht möglich gewesen, das Alter des Sprechenden zu erkennen im Lichte der kindhaften Freude, die auf seinen Zügen lag.

Aber einmal, als Bernardino nachts erwachte, sah er neben sich auf dem Stuhle einen erschöpften, von tödlichem Grame gezeichneten Greis, der stöhnend aus dem Schlummer aufschrak, sich furchtbarer Traumbilder zu erwehren schien und ihnen dann seufzend unterlag; sobald der Tag ins Zimmer leuchtete, kehrte die Spannkraft im Gesicht des Mönches wieder. Er erzählte kurz von der Disputation, die sich in dem erwarteten erbitterten Streite bewegte über das etwaige Recht eines Volkes, ein anderes zu beherrschen; der Doktor bringe viele Beispiele aus vorchristlichen Zeiten, namentlich dem Alten Testamente, herbei; doch er, Las Casas, lehne es ab, die vorchristliche Geschichte mit der christlichen zu vergleichen; nur die Verheißung, die dann und wann vernehmbar geworden sei, bevor der Herr durch sein Erscheinen Welt und Menschen von Grund aus verwandelt habe, könne er gelten lassen. Der Kaiser bleibe fast ganz unsichtbar; im Gegensatz zu den Gewohnheiten seiner Jugend sei er dieses Mal ohne jeden Prunk eingezogen, im schwarzen Kleide, das er niemals ablege. Aber wie in seiner Jugend werde er auch jetzt wohl seine Mutter in Tordesillas besuchen, die arme, wahnsinnige Königin Johanna, die in wirren Träumen dahindämmere, manchmal das Zepter noch in ihren Händen wähnend und dann wieder Land, Namen und Herrscher vergessend. Seine Hoffnung, erklärte der Mönch, ruhe allein auf dem Kaiser, der tiefchristlichen Sinnes sei und darum sein Anliegen nicht übergehen könne. Von der eigenen Kraft wäre dieses Anliegen schlecht beschützt; denn er müsse fürchten, daß er gegen Männer vom Schlag des Sepulveda, die das eine klare und hoheitsvolle Recht um des Staates willen in tausend willkürlich verwendbare Splitter aufspalteten, auf die Dauer nicht werde bestehen können.

Zu anderen Stunden schüttelte Las Casas die Sorgen ab. Er schien dann kein anderes Anliegen zu haben, als die Seele seines Freundes zu stillen und den Bann zu brechen, den das Gewesene noch immer über den Ritter ausübte. Das Leben Bernardinos, sagte er eines Abends, als er sich entschlossen hatte, die Nacht bei dem Kranken zu bleiben, dünke ihn wunderbar; ob Bernardino nicht glaube, daß er Fürsprecher habe, auf deren Bitte Gott es ihm so leicht gemacht, das Gut, das noch immer an ihm hänge, endlich abzuwerfen. Vieles aus seinem Leben habe Bernardino zwar erzählt, anderes bleibe dunkel; es sei, als ob er den Raum für eine Gestalt aufgespart habe, die er bisher verschwiegen. Von ihr gehe vielleicht ein Licht aus. Denn zeitweise habe er seine Seele wohl mißachtet, gehaßt und vergewaltigt, und vieles, was er den Indios angetan, das habe er ihr zugefügt; aber tot sei diese Seele nie gewesen. Wer sie wohl lebendig erhalten habe. – Tiefe Schwermut beschattete das Gesicht des Kranken. »Meine Seele?« fragte er, »ich weiß nicht, ob es noch meine Seele war. Vielleicht hat sie während vieler Jahre in einem anderen Wesen gewohnt und wurde mir erst nach seinem Tode zurückgegeben. – Du weißt doch, Pater, daß die Spanier, nachdem ihnen die Eingeborenen Haitis hingestorben waren und sie niemanden mehr fanden, der ihre Arbeit tat, auf den Gedanken kamen, von den Inseln, die nördlich über Haiti und Kuba liegen, sich Arbeiter zu holen?« – »An niemandem hat sich unser Volk schwerer gegen das Gebot der Nächstenliebe versündigt als an diesen unseligen Geschöpfen; sie waren so wehrlos und arglos, als sei Adams Schuld nicht auf sie gefallen.« »Ja, du hast wohl recht; aber damals wurde das Zuckerrohr eingeführt, ich wollte eine Zuckerpresse errichten und brauchte Sklaven; auch die Arbeit in den Minen blieb liegen. Von Puerto Rico fuhr ich nach Puerto Plata hinüber auf den Sklavenmarkt. Denn solcher Handel wurde ja wohl gehalten, wenngleich die Menschen von den Lucayos unter königlichen Schutzbriefen herübergebracht und uns zur Unterweisung im christlichen Glauben zugeteilt wurden. Unter dem verängstigten Volk, das noch krank und erschöpft war von der Seereise, standen die Spanier und verhandelten die Menschen nach der Kopfzahl wie Vieh. Ich trat unter sie und marktete mit. Wir kümmerten uns nicht darum, ob Eltern von den Kindern, Männern von den Frauen gerissen wurden; ein jeder wollte kräftige Arbeiter, und wir sahen wohl, daß die schmalen, zärtlichen Menschen, die sich aneinanderklammerten wie zusammengewachsene Sträucher oder Bäume, nicht einmal so lange aushalten würden wie die Eingeborenen Haitis. Wenn eine Menschenherde zerteilt war, blieben die alten Männer und Frauen ratlos auf dem Platze stehen; niemand wollte sie haben, und ich weiß nicht, was aus ihnen geworden ist. Später erst sollte ich erfahren, warum die Menschenhändler sie mitgenommen hatten. Neben einem Alten stand ein junges Mädchen, das den Käufern wohl zu gebrechlich schien; sie hatte sich des Mannes wahrscheinlich aus Mitleid angenommen, ihre Angehörigen waren vielleicht schon verteilt oder auf ein anderes Schiff verschleppt worden oder durch Zufall zurückgeblieben. -

Sie war ein feines, aber sehr schwaches Geschöpf, nicht von der Art, wie wir uns damals die Frauen wünschten. Ein dünnes feuerfarbenes Tuch umhüllte ihre Gestalt; sie zog es fest um ihre Schultern, als ob sie friere oder die Blicke der Spanier fürchte, die sie aber kaum beachteten. Was mich zu ihr hinführte, weiß ich nicht; vielleicht war es gerade das Leiden, das sie umschauerte; es mag etwas in meinem Herzen angerufen haben, das ich vergessen hatte. Und wen es zum Leiden zieht, der ist vielleicht noch nicht ganz verloren. Aber mit bittrer Scham muß ich bekennen, daß ich das Mädchen mir gewissermaßen als eine Zugabe ausbedang, weil ich einen großen Einkauf gemacht hatte; ich faßte sie am Handgelenk und zog sie von dem Alten weg, der ihr nachjammerte.

Sofort hatte sie verstanden, daß ich ihr Herr war und daß sie mir anhängen müsse. Vielleicht hätte sie schon am selben Tage ihr Leben für mich eingesetzt und ihre Stammesgenossen verderben lassen um meinetwillen; oft haben ja die eingeborenen Frauen die Ihren dem Tode ausgeliefert, um die Spanier zu retten; sie hätten nicht verstanden, daß zwischen ihrem Herrn und dem Recht ein Unterschied sein könne. Und doch weiß niemand, was sie gelitten haben. Ich ließ das Mädchen in meinem Hause in Puerto Rico wohnen und nannte sie Lucaya, weil sie von den Lucayos gekommen war. Viele unter den Sklaven, die ich aus Puerto Plata mitgebracht hatte, starben schon in den ersten Wochen hin. Ich wollte nicht, daß

Lucaya wie die andern arbeite; doch kümmerte ich mich wenig um sie. Wohl wußte ich, daß sie gern ans Meer ging; sie lag auf einem Felsen in der Sonne und warf sich mit einem leisen Schrei in die abströmenden Wellen, so wie sich ein Zigeunermädchen auf ein vorüberjagendes Pferd wirft. Es gibt ja keine besseren Schwimmer als die Bewohner der Lucayos. Sie machte sich Ketten aus Muscheln, die sie aus großen Tiefen hervorbrachte; doch suchte sie sich stets dieselben wenigen Farben aus, am liebsten ein gebrochenes Violett, dessen dunklere Schattierungen sie in die Mitte der Kette fügte. Als ich ihr einmal eine kleine goldene Kette gab, dankte sie, indem sie sich mit leisen Worten an mich schmiegte; zum ersten Mal sah ich, daß ihre Augen feucht wurden. Sie bewahrte mein Geschenk sorgfältig auf, doch habe ich es nie an ihr gesehen.

Dann kamen doch Tage, da ich das Zusammensein mit den Aufsehern und Nachbarn nicht mehr ertrug. Ich rief nach dem Mädchen, das die meiste Zeit in meinem Hause gelebt hatte wie ein fremder sprechender Vogel; nun suchte ich ihr ein paar spanische Worte beizubringen; aber es machte mir keine rechte Freude, wenn sie spanisch sprach, soviel Mühe sie sich auch gab. Viel lieber ließ ich mich von ihr in ihre Sprache hinüberziehen; dann ahnte ich ein im Grunde unbegreifliches Leben, das auf eine ganz andere Weise als das unsere blühte und verging, ohne etwas zu wollen. Aber so schien es mir nur am Anfang.

Langsam wurde ich ein wenig hellhöriger. Ich lernte Gesten und Blicke verstehen und fühlen, was die Worte meinten. Erst jetzt spürte ich eine undurchdringliche Trauer, die mit einer sehr tiefen Enttäuschung getränkt war, aber nicht von ihr herkam. Als Knabe habe ich hier in Valladolid – vielleicht nicht weit von diesem elenden Gasthof, wo ich jetzt liegen muß – in einem Hof andalusische Lieder singen hören; diese Lieder kamen mir ins Gedächtnis eines Abends vor dem Hause, als Lucaya neben mir saß und leise erzählte, ohne den Blick von ihren lautlos arbeitenden Händen zu wenden. Nun begriff ich, daß die Inseln, auf denen sie aufgewachsen war, für sie und ihr Volk die Welt waren; diese Welt war schön und fast ohne Gefahren und Schrecknisse; aber eine andere grenzte daran, in der die Seelen der Verstorbenen wohnten, und in diese Welt, die der bekannten ähnlich und wieder anders als sie und ihr doch nicht sehr ferne war, sehnte sich das ganze Volk hinüber. ›Was könnte uns Schöneres erwarten als die Begegnung mit den Verstorbenen?‹ fragte mich das Mädchen. Und ich muß heute denken, wie rein doch das Gewissen der Menschen sein mußte, die sich so herzlich auf die Vereinigung mit den Verstorbenen freuten, während wir, Vater Las Casas, diese Vereinigung vielleicht fürchten müßten, weil dann viele verborgene Schuld offenbar würde und wir nicht wagen könnten, denen, die uns nahe waren, in die Augen zu sehen.

Das alles wird mir in diesen Tagen deutlich, da ich Lucaya wieder vor mir sehe und mich bemühe, sie zu begreifen, da ich sie noch einmal mit dem Innersten meines Herzens erreichen möchte. Seltsam! Vielleicht sendet uns Gott Menschen ins Haus, die wir erst verstehen sollen, wenn sie gegangen sind. Aber das eine verstand ich schon damals, daß das Volk Lucayas auf das niedrigste betrogen worden war. Da diese Menschen die Inseln für ihre Welt hielten, so glaubten sie, daß die Spanier von jenseits dieser Welt kämen, aus dem Lande der Seelen; denn von deren Unsterblichkeit waren sie fest überzeugt; und sie folgten den Unsern nur, weil diese ihnen versprachen, sie zu den Seelen ihrer Väter zu bringen. Darum mußten die Spanier auch diese Greise und Greisinnen mitnehmen, die sich am heftigsten nach der Vereinigung mit den Gewesenen sehnten; wie sie sich ihrer entledigten, oft schon auf der Fahrt, brauche ich dir nicht zu sagen. Unter allem, was ich gesehen, erscheint mir nichts so dunkel wie das Schicksal dieses Volkes.«

»Vielleicht«, sagte der Mönch, »hat sie Gott doch gerufen und sie zur Tilgung der letzten Menschenschuld durch das

Tor der Hölle gehen lassen. Zuweilen wird der Berufene entsühnt durch die Schuld des Ausgestoßenen.« – »Das Wort ist furchtbar«, erwiderte Bernardino sinnend, »aber was sollten wir beginnen, wenn es für Völker gälte, für unser Volk und seine Opfer? Die namenlose Enttäuschung, statt unter die Seelen der Väter unter die Teufel der Hölle versetzt worden zu sein, ward von Lucaya niemals in Worten ausgedrückt; sie wagte nicht einmal nach der Erfüllung des Versprechens zu fragen. Mich hielt sie für ein mächtiges Wesen, in dessen Hand sie gegeben war; aber ich hätte ihr keine wahre Freude bereiten können, außer daß ich sie dem Meere und jenem Felsen überließ, auf dem sie die Wellen belauerte, um sich im rechten Augenblick hinabzuschnellen. Auch damals noch war sie für mich nur ein Teil meines Besitztums; ich fragte lange nicht nach ihr, und sie zeigte sich nie, wenn ich sie nicht rief. Auf der Treppe, dem Feld war ihr Tritt unhörbar.

Eines Tages vermißte ich sie. Der leise Ruf, an den sie gewöhnt war, brachte sie nicht wie sonst wie mit der Kraft eines Zauberwortes ins Zimmer. Ich suchte und kam zu den beiden großen Hütten, in denen die mir anbefohlenen Indios hausten; es ist wahr, es waren nur Ställe, aber die eingeborenen Arbeiter meiner Nachbarn hatten es noch schlechter und mußten sich nach der Arbeit stundenweit in ihr Dorf schleppen. Zwischen den Hütten stand eine aus Rohr gezimmerte, mit Stroh gedeckte Kapelle; als ich sie bauen ließ, glaubte ich mich für einen viel bessern Diener Gottes und des Königs halten zu dürfen als die andern Sklavenbesitzer. Es war zu sehr später Stunde; die Arbeit ruhte, und die Indios waren mit ihren Frauen und Kindern in der Kapelle versammelt. Vorn, wo auf einem Tisch ein schlechtes buntes Bild der Gottesmutter aufgestellt war, stand ein Mestizenknabe; in einem Gemisch von Spanisch, Lateinisch und Indianisch betete er das Paternoster und Salve Regina vor. Wir hatten damals keinen Pater in der Nähe; der Knabe, der eine Weile im Hause eines Spaniers gedient hatte, sollte den Geistlichen ersetzen; aber er verstand die Worte, die er eintönig vorplapperte, wohl kaum. Die Indios knieten und begleiteten das Gebet mit einem Murmeln, das wie ein undeutliches Echo klang. Aber kein Dritter weiß, was ein Gebet ist vor Gott.

Nahe der Tür kniete Lucaya. Ich habe nie Heilige gesehen, aber wohl Bilder von Heiligen; einem solchen glich sie, und ich konnte sie auch ansehen wie ein Bild. Denn nichts, das von außen kam, hätte ihr Inneres erreichen können. Sie hielt die schmalen Hände vor der Brust gekreuzt und das Haupt gesenkt; die beiden Gebete – die einzigen, die der Knabe wußte und daher wie eine Art von Gesang immer wiederholte – kamen klar und leise von ihren Lippen. Damals fühlte ich zum ersten Mal mein Leben im Innersten auseinanderbrechen; es wurden zwei Stücke, die ich fortan auf gewaltsame Weise immer wieder zusammenfügen wollte. Seit diesen Tagen konnte ich Lucaya auch nicht mehr ansehen wie zuvor, als eine Genossin, die ich nach der Gewohnheit meiner Landsleute in mein Haus genommen hatte; nun hatte ich begriffen, daß etwas in ihr war, das mir nie gehören konnte und das ich achten mußte. Vielleicht ist es gerade die Furcht vor dieser Entdeckung gewesen, die mich abgehalten hatte, sie in die Kapelle zu schicken. Aber sie ist *ihren* Weg gegangen, nicht den meinen. Einmal überraschte ich sie auf dem Pfad zum Felde, wo die Frauen arbeiteten; sie trug eiserne Hacken in der Hand, derengleichen wir auf die Streifzüge an der Festlandküste als Geschenke mitnahmen. Als ich vor ihr stand, hielt sie mir die Werkzeuge entgegen, wie um sie mir als mein Eigentum zu bieten; Lucaya hatte sie sich wohl für empfangene Geschenke verschafft. Ich begriff, daß sie die Hacken den Frauen bringen wollte; denn diese hatten zum Aufhäufen der Erde nur in Feuer gehärtete Stäbe, mit denen sie sich auf schändliche Weise abquälen mochten, um das Feld für die Anpflanzung der Brotwurzeln zu bereiten. Die Scham schoß mir ins Gesicht, vielleicht wäre sie in Zorn umgeschlagen, hätte ich nicht das Bild der Knienden vor mir gehabt. Ich ließ sie gehen; mit dem leisen Freudenschrei, der ihr eigen war, flog sie wie ein Schatten zu den Frauen.

Nun hatte sie mich auf ihren Weg gezogen, und immer, wenn ich ihr nachging, war es zu meiner Beschämung. Die furchtbarste Schuld, deren Brennen ich nie werde löschen können, empfinde ich freilich darüber, daß ich dieses Wesen einhandelte wie ein Ding. Einer Nacht an der Küste erinnere ich mich noch; am Tage vorher war ein Schiff eingelaufen, das ich an die Perlenküste gesandt hatte, und unter der Bewachung des Aufsehers saßen die Indios neben dem Segler am Strande und mühten sich, die Perlmuscheln zu öffnen. Sie warfen diese ins Feuer, um sie aufspringen zu lassen; aber die Perlen wurden von der Flamme trüb, und oft verbrannten sich die Arbeiter die Hände. Nie hatte ich mir darüber Gedanken gemacht, wenn ich die Perlen nach Santo Domingo verhandelte. Da sah ich Lucaya, der die Aufseher nichts zu sagen wagten, in den Kreis des Feuers treten und sich unter den schwitzenden, verquälten Indios niederhocken. Sie nahm stählerne Nadeln aus einem Tuch, brach mit einer solchen eine Muschel auf und zeigte den Indios und dem Aufseher lächelnd die schimmernde unverletzte Perle und verteilte die Nadeln im Kreis der Arbeiter.

Während sie nun diesen half oder sie unterwies, erzählte sie vom Herrn; wie er auf die Erde herabgestiegen sei, um aller Menschen willen und einem jeden zu helfen, der das Leiden der Erde in seinem Namen trage; wie er gekommen sei, die Seelen der Menschen zu sammeln und in seinem Reiche auf ewig zu vereinen. Solche Erzählungen verband sie freilich mit Vorstellungen der Indios, von denen auch sie nicht lassen wollte; sie verlegte die heiligen Geschichten am liebsten in die Nacht, in den Schein des Mondes und rechnete die irdische Zeit des Gottessohnes nicht nach Tagen, sondern nach Nächten. Eine unbeschreibliche Freude bereitete es ihr, zu schildern, wie der Herr des Nachts geboren wurde, unter dem Schutze des Mondes; nach der Meinung der Indios war ja einstmals der Mond gemeinsam mit der Sonne am Himmel hingezogen, bis diese ihn durch ihren Glanz kränkte und er sich die Nacht wählte. Darum, sagte Lucaya, hätten ihre Zuhörer noch viel mehr Grund als ihre Väter, den Neumond zu feiern, weil der Mond dem Herrn den Anfang seines heiligen Wegs erleuchtet habe. Wenn aber der Herr den Sturm des Meeres stillte, so beschwor er in Lucayas Erzählungen einen des Meeres gewaltigen Nachfahren des mächtigen und wohltätigen Gottes Luquo, dem das Mädchen, gewissermaßen als einem bestellten Helfer Gottvaters, seine Ehre ließ.

Aber auch das muß ich erzählen, daß ich einmal, als ein Aufseher einen Indio züchtigte – es war ein Anblick, der mir nichts bedeutete –, in der Nähe ein Schluchzen hörte. Ich fand Lucaya hinter einem Baume in Tränen, die aus grundloser Tiefe über ihre Wangen rannen; der Anblick brachte mich in Zorn, und sie schwieg auch sofort auf meine heftigen Worte. Doch lernte ich von da an die Spuren der Tränen, immer tiefer werdenden Leidens auf ihrem Gesicht erkennen; mochte ein Kind an der Brust der erschöpften Mutter gestorben, ein Lastträger zusammengebrochen sein, ich konnte die Andeutung solcher Vorfälle aus Lucayas Gesicht ablesen, eh mir der Aufseher Bericht erstattete. So wurde der Riß in meinem Leben immer tiefer; etwas war in mir, das allem, was ich tat und erwarb, widersprach, und ich konnte diesen Widerspruch, den das stille Mädchen in mir nährte, nicht aus meinem Herzen reißen.

Aber zuviel hatte ich schon getan und erlebt; und es mag wohl sein, daß wir die Fracht des Vergangenen nicht mehr los werden, es sei denn, daß wir unser Boot umwerfen und den Herrn anrufen wie Petrus. Damals landeten die Kariben in Puerto Rico, und wir führten den Krieg, von dem ich dir erzählt habe. Der Kampf riß mich in mein altes Leben hinein; und da inzwischen die Lucayos, die ich in Puerto Plata erhandelt hatte, hingestorben waren, rüstete ich mit andern Pflanzern und Minenbesitzern eine Flotte, um an der Küste Yuka-

72

tans Sklaven einzufangen. Aber ich konnte mich von Lucaya nicht trennen und nahm sie mit. Wir landeten und lockten das Volk mit Schellen, Scheren und kleinen Spiegeln an Bord; waren ihrer genug auf dem Schiff, so hißten wir die Segel, warfen die Gefangenen in den Schiffsraum und fuhren fort.

So lagen wir nachts auf dem Deck und warteten mit Sehnsucht auf das Anschwellen des Windes, der träge über die See strich und nur schwache Kühlung brachte; unter uns, in der stickigen Schwüle stöhnten die Gefangenen, zu denen dann und wann ein Wächter durch eine vergitterte Luke hinuntersah; denn es war anderen Sklavenfängern begegnet, daß die Indios, während ihre Herren sich auf dem Land ergingen, aus der Tiefe hervorbrachen, das Schiff bemannten, mit großem Geschick bedienten und in ihre Heimat zurücksteuerten. Freilich, wenn wir davon sprachen, hatten wir nur Hohn und Spott für die betrogenen Spanier; wir fürchteten die Menschenmasse unter den Planken nicht, und ich war ebenso wie meine Gefährten von früheren Fahrten gewöhnt, das dumpfe Jammern und Heulen unter mir zu hören; es berührte mich ebensowenig wie das Murren eingepferchten Viehs. Daß ich die Stimme meiner Schuld hörte, kam mir nicht in den Sinn.

Nur wenn die Seufzer und Rufe zu einem eintönigen Gesang anschwollen, wie es in gewissen Abständen geschah, brachte ein Matrose durch einen Schreck oder eine Drohung die Gefangenen zum Verstummen. Aber als ich einmal aufwachte, hörte ich neben mir das kaum vernehmliche Weinen Lucayas, das mir den Schlaf mehr stören sollte als gellende Klagerufe; ich sah auch, wie das Mädchen mit einem gefüllten Becher zu der Luke glitt, ihn hinunterreichte und, auf das Gitter gebückt, den Gefangenen zuflüsterte; dann schlich sie sich wieder auf ihr Lager. Der Mondschein fiel auf ihr Gesicht, als sie hereinkam; ihr Antlitz war wie die durchsichtige Hülle unsäglichen Schmerzes; nie wieder habe ich einen solchen Ausdruck gesehen. Am andern Morgen – wir fuhren noch immer spähend an der Küste hin – holten wir ein Kanu ein, in dem zwei indianische Männer und zwei Frauen saßen; sie hatten ein wenig Wasser, Früchte und Maisbrot mit, und die Männer ruderten aus Leibeskräften. Wahrscheinlich waren sie geflohen, als wir mit Hilfe unserer Waffen den letzten Fang machten. Verzweifelt stießen sie das Fahrzeug vorwärts; aber wie das Erlegen der Delphine und Haifische war es für meine gelangweilten Gefährten ein Vergnügen, das Boot umzuwerfen und die Menschen an den Seilen, die sie in ihrer Todesnot ergriffen, wie an Angelschnüren aus dem Wasser zu ziehen. Ich sah gedankenlos zu; da gellte neben mir ein Schrei, der nicht mehr in meinen Ohren verklingen sollte. Lucaya lag auf den Planken in herzbrechendem Schluchzen; ich beugte mich über sie und brachte zum ersten Male – ich weiß nicht, seit wie langer Zeit, vielleicht seit ich Valladolid verlassen hatte – bittende, herzliche Worte über meine Lippen, als wollte das Eis tauen in meinem Innern; ein einziges solches Wort hätte sonst genügt, das Mädchen zum Gehorsam zu bewegen; doch nun war es, als spräche ich zu einer Toten. Ihr Herz war von Leid gesättigt und hatte keinen Platz mehr für die viel zu späte, armselige, verstockte Liebe oder Fürsorge, die ich ihr bot.

Wohl brachte ich sie noch nach Hause, aber sie verließ ihre Kammer nicht mehr, und ich muß bekennen, daß ich mehr als einmal vor der Tür stand, in einer Scham und Verlegenheit, die ich nie zuvor gefühlt habe und die mich umkehren ließen. Das furchtbare pausenlose Weinen, das so leise war, daß es wohl niemand im Hause hörte außer mir, trieb mich immer wieder, sobald ich heimgekehrt war, aufs Feld oder nach San Juan. Und doch mußte ich zurück, und doch konnte ich im Hause nicht bleiben. Einmal – es muß schon in den letzten Tagen gewesen sein – fiel es mir ein, daß ein Pater dem Mädchen Trost bringen könnte; ich ließ suchen, aber vergeblich. Da nahm ich das Holzkreuz, das ich nach der Gewohnheit meiner Jugendtage über meinem Bett aufgehängt hatte, von der Wand und brachte es Lucaya.

Sie nahm es in die gefalteten Hände; eine Seligkeit, die ebenso unfaßbar war wie ihr Leiden, ließ ihr Gesicht aufleuchten. Es war, als stille sich die zu Tode verwundete Seele wieder; das Weinen versiegte langsam, aber ich fühlte wohl, daß das Ende nicht mehr ferne war. Nur einmal noch, als ihre Augen mit der alles durchdringenden Kraft, die brechenden Augen eigen ist, sich in die meinen senkten, verriet sie einen tiefen Schmerz. Ob ich es denn nicht fühle, daß ich noch größerer Barmherzigkeit bedürfe als die Indios und daß sie um mich ebensoviel Leid getragen habe wie um ihre Brüder, fragte sie wehmütig. Aber ich konnte ihr keine Antwort mehr geben.«

Bernardino richtete den Blick auf ein kleines hölzernes Kreuz, das neben ihm an der Wand hing, dann fuhr er fort: »Nach dem Schmerz der ersten Tage glaubte ich mich freier zu fühlen; das Haus und seine Schätze waren wieder mein; Nachbarn kamen, und ich hätte es nicht einzugestehen gewagt, daß ich um ein Lucayenmädchen trauerte. Dann kam ich einmal an dem schmalen Grabe vorüber, das ich neben der Kapelle hatte anlegen lassen; es war mit Blumen geschmückt, nicht von meiner Hand. Ich kehrte wieder und kam bald öfter; meist fand ich Indianerfrauen und -kinder an dem Grabe, die fliehen wollten, wenn ich kam. Aber ich gedachte der Toten und hieß sie bleiben; zum ersten Mal richtete ich freundliche Worte an Indios; zum ersten Mal kniete ich mit ihnen an derselben Stelle. Damals fiel mir dein Name wieder ein, Vater Las Casas; bisher hatte ich dich für einen Unruhestifter gehalten, nun wünschte ich, dir zu begegnen, wenn ich die Begegnung auch fürchtete. Von den Frauen erfuhr ich, daß Lucaya schon vor langer Zeit von einem vorüberwandernden Pater die Taufe empfangen hatte.

Noch ließ ich mich zur Goldschmelze nach San Juan tragen; die Minen brachten immer neuen, überraschenden Ertrag; die Zuckerrohrpflanzungen gediehen. Mein ganzes früheres Leben erhob sich wie ein wütender Sturm gegen die Zeit, die Lucaya an meiner Seite verbracht hatte, und wollte diese Erinnerung entwurzeln. Hojeda erschien vor meinen Augen, unter dem gewaltigen Schilde einen brennenden Span schwingend, und ich neben ihm; ich hörte uns wieder verruchte Gespräche führen und sah die Taten, die wir getan. Aber ich sah auch den Adelantado geduldig unter der Sonne liegen, die seinen Leib aufzehrte. Um diese Zeit kam ein Bruder deines Ordens auf die Insel; er hieß Juan Garcés, ein abgehärmter, von dunklem Feuer glühender Mann. Er sprach von dir, und du wirst sein Schicksal kennen. Vielleicht hatten ihm die Indios von dem Ende Lucayas erzählt und dem heillosen Leben, das ich seither führte; als wir einmal vor dem Hause saßen unter dem Schattengewölbe hoher Bäume, das die Verstorbene oft aufgesucht hatte – sie liebte solche Orte, wo sie gleichsam eingehüllt war, und konnte, ohne sich zu regen, viele Stunden an dem mächtigen Stamm im Dämmer zubringen –, berichtete mir Juan Garcés aus seinem Leben.

Er habe es sich zur Buße auferlegt, sagte er, seine Vergangenheit nicht zu verschweigen; vielleicht könne auch dieselbe Kraft, die den Berg seiner Sünden umgewälzt, die Last eines andern bewegen. So erzählte er, daß er einst ein reicher Grundbesitzer in der Vega von Haiti gewesen sei und sich mit seinen Gefährten auf frühen Beutezügen einen jeden Fluch zugezogen habe, der einen Spanier treffen konnte; daß er sich mit der Tochter eines eingeborenen Fürsten vermählt habe, dieser Verbindung aber, die ihm unter den Pflanzern einen unausrottbaren Spottnamen eingetragen, bald überdrüssig geworden sei, namentlich nachdem seine Frau ihm Söhne geboren, die als seine Erben anzusehen er sich nicht gewöhnen konnte. Seinem Hause sei er in immer schlimmeres Treiben entflohen, dessen Ende du kennst; in einem Anfall von sinnloser Eifersucht, die seine Kameraden in ihm aufstachelten und die er, wie er sagte, gern in sich aufstacheln ließ, habe er seine Frau erschlagen. Aber nicht die Furcht vor der Strafe habe ihn aus Haus und Besitz getrieben; als die Tote vor ihm gelegen, habe er plötzlich die entsetzliche Verrohung seines Herzens erkannt; seine ganze Vergangenheit sei auf ihn hereingebrochen; nun erst war die Last seiner Sünden um ein untragbares Gewicht vermehrt. Er lebte viele Jahre im Gebirge, Tag und Nacht auf den Steinen kniend und mit dem Bösen ringend; endlich faßte er sich ein Herz, ging zu den Mönchen nach Santo Domingo hinunter und bat reumütig, daß er eingelassen werde. Freilich konnte er noch immer nicht an die Rettung seiner Seele glauben; er wolle, sagte er, als er mir sein Leben schilderte, Gott nicht um ein Zeichen drängen, aber Friede könne er nur empfinden, wenn ihm ein solches zuteil würde.«

»Es ist ihm geworden!« sagte Las Casas freudig, in fast triumphierendem Tone; »er war unter den Mönchen, die der ehrwürdige Pedro von Córdoba an die Küste Parias sandte. Als die Spanier auf einem Raubzuge den Kaziken des Landes verschleppt hatten, setzten die Mönche, die schutzlos in einem kleinen Kloster unter den Indios wohnten, ihr Leben dafür zum Pfande, daß der Geraubte innerhalb einer gewissen Frist zurückgebracht werde; sie schrieben flehentlich an die Audiencia in Santo Domingo, aber die Zeit lief ab, ohne daß das ersehnte Schiff sich zeigte. Die Indios warteten kriegsbereit vor dem Kloster bis zum letzten Tag; dann überfielen sie es und ermordeten die Mönche, unter ihnen Juan Garcés, den der Herr würdigte, ein Zeuge zu werden.«

»Daß er ein erwähltes Werkzeug war«, sagte Bernardino, von dieser Nachricht bewegt, »ahnte ich wohl auch damals. Der Pater schien nur zu sprechen, um sich selber anzuklagen; doch ein jedes Wort klagte mich an in meinem Herzen. Nachdem der Mönch gegangen war – ich sehe den von Gram zerfressenen Mann noch, wie er vor mir stand unter einem hohen Baume, meine Hand haltend und die forschenden dunklen Augen in den Grund meiner Seele senkend, und wie er dann aus dem Schatten heraustrat und in der Mittagshelle seinen Weg einschlug –, begann ich über den Verkauf meines Besitzes zu verhandeln; Gruben und Felder fanden ihren Käufer rasch, denn das Geld lief drüben durch die Hände, als sei es Feuer. Die Indios zu verkaufen scheute ich mich; es war mir, als ob ich Lucaya verkaufen sollte.

So rief ich sie an der Kapelle zusammen und sagte ihnen, daß sie frei seien, daß ich ihnen ein Stück Land schenke, auf dem sie leben könnten, und daß sie zum Danke das Andenken der Christin pflegen sollten, die hier begraben liege; aber während ich sprach und in ihre ratlosen Gesichter schaute, erschienen mir meine Worte wie Hohn. Denn die Freigelassenen wußten nichts von Freiheit, und viele stammten vom Festland oder von fernen Inseln, wohin sie nicht zurückkehren konnten. Und wer sollte sie vor Sklavenjägern schützen? Drüben, Vater Las Casas, ist es dahin gekommen, daß wir keine gute Tat mehr tun können. Ich fühlte mich beschämt von denen, die ich mit einer großen Gunst zu beglücken meinte; der Boden brannte mir unter den Füßen. So ließ ich den bunten Menschenhaufen neben der Kapelle und dem Grabe stehen; ich floh aus meinem Hause. Meine Zeit in Indien war abgelaufen, und eine leidenschaftliche Sehnsucht nach der Heimat und nach meiner Jugend, die Tag und Nacht vor meiner Seele standen, ergriff mich. Ich Tor glaubte die Welt meiner Jugend wohlverschlossen für mich bewahrt, während sie verweste und verfiel. So fuhr ich nach Mexiko und schiffte mich nach Spanien ein. Aber nun will es mir scheinen, als ob ich das Beste, das je mein gewesen, doch in Indien zurückgelassen hätte.«

»Nicht in Indien und nicht in Spanien«, fiel Las Casas ein, »auf Erden gehört uns wenig mehr als unsere Schuld. Armer Freund, worum ringst du noch? Schenke Gott, was er dir von deinem Leben noch gelassen hat, und gib dem Herrn der Finsternis deine Beute wieder.« Damit blies Las Casas die Kerze aus, die neben ihm gebrannt hatte. Am andern Tage kam der Mönch mit Anzeichen großer Erschöpfung zurück; er habe nicht mehr die rechte Kraft, zu überzeugen, sagte er müde; die Theologen und Juristen und die Glieder des Indienrats neigten sich der Auffassung Sepulvedas zu, daß die Begründung der staatlichen Macht der Bekehrung vorausgehen müsse. Als aber der Ritter nach dem Kaiser fragte, kehrte das Feuer in dem Sprecher wieder; auf den Kaiser hoffe er unerschütterlich, ja er habe nun fast die Gewißheit, daß der Monarch die Disputation nicht zu Ende gehen lassen werde, ohne vor der Versammlung zu erscheinen, die er aus echter Teilnahme am Geschick seiner indianischen Völker einberufen habe.

Die letzte Tagung stehe nahe bevor; fände sie in Gegenwart des Monarchen statt, so wolle er nicht um Gründe kämpfen, die er klar und fest dargelegt habe, wenn auch nicht mit den feingeschliffenen Worten und scharfsinnigen Schlüssen Sepulvedas und seiner Anhänger; dann wolle er in Gottes Namen das ganze Gewicht seiner Not zum Gewicht der Wahrheit werfen, in der Hoffnung, damit die Waagschale niederzudrücken. Freilich sei auch Sepulveda gerüstet; es sei ja zu vermuten, daß der große Rechtslehrer, der ja nie in den Neuen Indien gewesen sei, sich für diesen Fall mit Zeugen versehen habe, um auch seinerseits das ihm fremde Feld der Erfahrung zu betreten und den Gegner auf dessen eigenem Boden zu schlagen. Und es ließen sich wohl Männer finden, die in den Indien unter besonderen Schicksalen zu der Überzeugung gelangt seien, daß die Indios von Grund aus tückisch und böse wären und daher zum Schutze der Spanier wie des Glaubens und kaiserlicher Hoheit mit dem Schwerte niedergezwungen werden müßten. Schlimmer sei, daß man ihm, Las Casas, wie er schon manches Mal während der Disputation gespürt, nicht mehr recht glaube. Immer habe es Menschen gegeben, die ihn für einen böswilligen Verleumder der Spanier gehalten hätten; diese seien seine Feinde, und er könne sich über ihr Aufkommen nicht wundern noch beklagen. Wer um des Ewigen willen der Zeit entgegentrete, müsse es sich gefallen lassen, daß die Zeit ihn erschlagen wolle.

Aber andere, und unter diesen gewichtige Männer, hielten ihn für einen Mann, der während eines langen Lebens unter der Tyrannei eines unausführbaren Gedankens zum Narren geworden sei und daher die Wirklichkeit nicht mehr klar zu erkennen vermöge, sondern sie umfälsche. Sei er aber ein Narr, rief er leidenschaftlich, so ein Narr unseres Herrn Jesu Christi, der Gottes Gebot und der Menschen Leben beide in ihrer furchtbaren Wirklichkeit erkannt habe und den Widerspruch, der zwischen ihnen klaffe, es koste, was es wolle, versöhnen müsse. Gegen solche Männer, die über den alten Narren Las Casas die Achseln zuckten, setzte er gerne einen unanfechtbaren Zeugen ein; es müsse ein Mann sein, der das Leben der Spanier in den Neuen Indien von Grund aus kenne und es geteilt habe, ohne sich um die närrischen Gedanken des Vaters Las Casas zu kümmern; ein Mann freilich, fügte der Sprecher mit plötzlicher Wendung hinzu, der sich durch diese Gedanken bewogen fühle, als Zeuge aufzutreten und somit mutig und offen genug sei, um sich selbst zu verklagen.

Damit ergriff er die Schulter des Ritters: »Du könntest dieser Zeuge sein«, sagte er erregt, »vielleicht ist das deine Aufgabe, und wenn sie es ist, könntest du mit Gottes Hilfe die Kraft finden, ihr zu dienen.«

»Dann«, antwortete Bernardino, von dem Feuer des Mönches mitgerissen, »könnte ich aus dem Schutt meines Lebens doch noch ein Kleinod retten; und ich wäre nicht vergeblich all die falschen Wege gegangen. Dann hätte auch die Schuld ihren Sinn, und ich dürfte vielleicht doch bestehen vor der Toten. Aber die Kraft?« Er lächelte schwermütig: »Zu so vielen Verbrechen reichte sie aus, nur zum Guten will sie nicht mehr reichen.« – »Du mußt ganz rein werden, Bernardino; eine einzige Stunde kann uns den unschuldigen Kindern gleichmachen, und dann wird Gott dir helfen.« – »Ach, es ist ja nicht ganz so, wie du in deinem großen Glauben es dir denkst, Vater Las Casas«, sagte der Ritter, noch immer traurig lächelnd, »du bist in allem Jammer, den du erfahren, ein

Kind geblieben oder wieder geworden, das zu jeder Stunde auf ein Wunder hofft, und vielleicht halten dich darum die Leute für einen Narren. Aber eine Schuld reicht der andern die Hand, und dieser Reigen ist unser Leben. Ich wäre ja auch nicht frei, wenn ich diese Last hier abwürfe«, – er wies auf die neben ihm aufgebauten Kästen – »wenigstens noch ein Glied der großen Kette muß ich dir zeigen, damit du verstehst, wie ich gefesselt bin.

Seit ich nun hier liege, höre ich die kleine Glocke einer Marienkapelle zu ihren Stunden bimmeln und jammern. Die Kapelle ist nicht weit von der trüben Gasse, in die dieses rückwärtige Fenster schaut, im Häusergeschiebe versteckt, und ich glaube, daß dort noch alles ist, wie es war. Vor der Kapelle ist ein winziger Platz ausgespart, nicht größer als der Innenhof eines Hauses, ein paar Stufen führen zu ihr hinauf, und drinnen finden sich zu Gebetszeiten immer ein paar alte Frauen zusammen. Fast möchte ich glauben, daß noch dieselben Frauen die Treppen hinaufsteigen und mit einer Anstrengung, die beinahe über ihre Kräfte geht, den schweren, das Portal verhängenden Vorhang beiseite schieben, um einzutreten; manchmal fällt dann ein Kerzenstrahl aus dem dunklen Raum; und doch werden es nun die Frauen sein, die damals in den heißen Sommernächten, ihre Kinder an der Brust haltend, in den Haustüren saßen. Denn der Kapelle gegenüber wohnte ein junges Mädchen, das ich liebte; und ich wurde oft zornig über die Glocke, weil Maria, sobald die unbeholfene Stimme schepperte, sich aus meinen Armen löste, ans Fenster trat und ein Gebet sprach. Aber die Glocke hat recht behalten und unsere heimliche Fröhlichkeit und unser mit Mühe ersticktes Lachen überdauert. Mein Gott, wie namenlos traurig ist doch das Leben! Du kannst die Glocke jetzt wieder hören, wie sie unter den erzenen Schlägen der Kathedrale eilig wie eine verspätete Kirchgängerin dahinhumpelt und zwei und drei Schritte macht, während die Kathedrale einmal ausholt. Genau kann ich es nicht mehr sagen, unter welchen Umständen ich sie damals das letzte Mal hörte. Wir wissen ja so selten, wann wir das letzte Mal in einem Zimmer weilen, einen Weg machen oder einem Menschen in die Augen sehn; rechnen wir später angestrengt zurück, so trifft dieses letzte Mal vielleicht auf einen ganz heitern, ahnungslosen Tag oder eine flüchtige Begegnung, deren Umrisse und Farben wir nicht mehr ergänzen können, wie wir uns auch abquälen mögen. Maßlose Vorstellungen von den Schätzen Indiens breiteten sich damals in Valladolid wie eine Seuche aus; ich weiß nicht, wer die Krankheit einschleppte; möglicherweise war es ein kranker Bettler, wie ich es bin.

Die Seuche fiel freilich nicht die Körper, sondern die Geister und die Herzen an und fraß in wenigen Stunden die Bande durch, die in langer Zeit zwischen Geistern und Herzen gewachsen waren. Selbst der alte Priester, der allmorgendlich die Messe in der Marienkapelle las und übrigens keine schlechte Pfründe genoß – das Viertel war einst von bessern Leuten bewohnt, und es lag noch eine Stiftung auf der Kapelle –, war eines Tages verschwunden, und zwar zur Freude Marias; denn sie fürchtete ihn und wagte seit langer Zeit nicht mehr, bei ihm zu beichten. Ob der alte Narr – ich muß ihn, wenn ich sein Amt beiseite lasse, wohl so nennen – noch nach den Indien kam und was aus ihm wurde, kann ich dir nicht sagen. Ich schlich mich wohl noch an der Kapelle vorbei in das Haus, aber mein ganzes Leben und Träumen spielte sich jenseits des Meeres ab. Die Nähe starb für mich; ich lebte in der Öde, und in mir lebte die ungeheure Sucht. Dann ging ich, obwohl ich wußte, daß Maria in der letzten Zeit, da meine Liebe schon krank und eigensüchtiger als früher geworden war, ein Kind von mir empfangen hatte.

Auf Haiti erreichte mich noch ein Brief Marias – es ist dieser –, in dem sie mir schrieb, daß sie einem Knaben das Leben geschenkt habe und daß ich, wenn ich einmal heimkehren sollte, im Kloster der Barfüßerinnen nach ihm fragen solle; nach ihr selbst bitte sie mich, niemals zu forschen. Sie antwortete mir auch nicht, und ich muß wohl glauben, daß sie gestorben ist. – Nach einem Leben wie dem meinen«, fügte Bernardino im Selbstgespräch hinzu, »mag einem ein solches Leben, das schwer an Leid und arm an Freude gewesen ist und kaum eine andere Schuld kannte als die der Liebe, wie ein gesegnetes Leben erscheinen. Doch«, sagte er, sich wieder an den Pater wendend, »das soll das Gewicht auf meinen Schultern nicht mindern. Aber wenn ich meinen Sohn finden, für ihn sorgen, ihm helfen könnte«, rief er, plötzlich erregt, »so hätte ich vielleicht auf der Welt doch noch eine Pflicht zu erfüllen. Ich wollte jeden Vorwurf hinnehmen und wollte mich selbst verleugnen, wenn es sein müßte; nur helfen möchte ich und teilnehmen und einem andern einen guten Weg bereiten.« – »Und du willst es tun, indem du deinem Sohn diese blutbefleckte Last aufbürdest?« fragte Las Casas ernst, mit einer Bewegung nach den Gepäckstücken. – »Müßte es sein, so sollte mein Sohn nichts von mir erfahren, nur meine Hilfe sollte er spüren, ohne zu wissen, daß es die meine ist. Ich will abseits leben und Gott bitten, daß er mir verzeihe.« – »Und du glaubst, er werde dir verzeihen, wenn du dein Gut behältst oder es deinem Fleisch und Blut übermachst?« – »Ich will opfern, soviel ich opfern kann.« – »Und doch einen Teil behalten?« – »Soll ich denn alles opfern?« fragte Bernardino in grollender Verzweiflung. – Auf das Gesicht des Mönches legte sich steinerne Härte: »Alles,« antwortete er kurz.

Ein Tag ging hin, ohne daß sich der Ritter überwinden konnte, mit Las Casas zu sprechen. Dann kam dieser in niedergeschlagener Stimmung. Cortez, erzählte er, um nicht von der eigenen Sache sprechen zu müssen, sei mit dem gewohnten Gepränge nach Valladolid gekommen; er wolle endlich mit dem Kaiser über seine Ansprüche und Rechte und die Entschädigungen für seine Entdeckungsfahrten verhandeln; aber der Monarch habe wohl die Begleitung des Eroberers auf dem afrikanischen Feldzuge gerne geduldet, im übrigen scheine er

dem Cortez abgeneigter als je, so daß dieser zu seinem
Schmerze und seiner Scham schon mehr als einmal vor dem
Palaste vorgefahren sei, ohne zum Kaiser dringen zu können.
Der Marqués büße nun für vieles, setzte Las Casas hinzu,
und sei doch noch lange nicht am Ende dieses Kreuzwegs.

Dann gestand der Mönch, daß er eine günstige Entscheidung
der Gelehrten und Räte wohl kaum mehr erwarten könne;
man scheine unter Sepulvedas Führung entschlossen zu sein,
den von Menschen geschaffenen Staat an die erste Stelle, Gottes Gebot an die zweite zu setzen, was freilich bequem sei für
den Augenblick, aber von den entsetzlichsten Folgen für die
spätere Zeit. Doch gerade dieser Stand der Dinge könne den
Kaiser bewogen haben, sein Erscheinen in der letzten Versammlung anzumelden, die für übermorgen anberaumt sei.
»Jetzt«, fuhr Las Casas fort, »geht es um alles; so oft ich
auch über das Meer gefahren bin, habe ich diesen Tag vorbereitet, an dem es sich zeigen muß, ob Gottes Reich ein Spott
ist für Spanien oder ob Spanien dafür lebt. Ich will ihnen die
letzte Frage stellen, ob sie sterben oder leben wollen, ob ihnen
die Zeit, das Gold und ihre trügerische Macht mehr sind als
die Seele und die Ewigkeit, und wie sie sich dereinst verantworten wollen vor unserm Richter.«

Bernardino reichte ihm die Hand: »Vergib einem weltlichen
Manne, Vater Las Casas, der sein ganzes Leben und noch
mehr als das Leben an seinen Schatz gegeben hat und es nun
nicht lernen will, daß dieser Schatz für gar nichts Gutes taugt.
Lasse mir noch ein wenig Zeit. Wenn du aber einen Zeugen
brauchst, so laß es mich wissen, ich will dir dienen, so schwach
ich bin; vielleicht hat auch das Zeugnis eines kranken Mannes Gewicht. Und wenn du mir dennoch helfen willst, Unrecht gutzumachen, nicht um meinetwillen, aber doch um des
Unrechts willen, das ja nicht bestehen darf, so nimm diesen
Brief und frage, sofern es dir nicht zuviel Mühe macht, bei
den Barfüßerinnen, ob sich noch eine Spur des langverweh-
ten Weges findet.«

Las Casas nahm den Brief Marias, er war von der Hand eines Schreibers, nur die Unterschrift mochte von der Absenderin gewesen sein, aber sie war völlig ausgelöscht. »Ich will es tun«, sagte er »aber daran liegt es ja nicht, ob ich eine Spur deines Sohnes finden kann oder nicht. Was uns auch gegeben oder verweigert wird, so ändert sich doch unsere Aufgabe niemals; wir stehen immer vor Gottes Gebot, vor dem Ja oder Nein. – Ich will diese letzten Tage vor der Entscheidung im Kloster bleiben und mit den Brüdern meine Sache Gott anbefehlen. Und wenn du zeugen willst für mich, lieber Freund, so vergiß nicht, daß man nur zeugen und überzeugen kann durch sein Leben.«

Las Casas erhob sich von seinem Stuhl am Bett Bernardinos; er trat ans Fenster und sah auf die wie Treppen steigenden und fallenden Dächer, über die der Glockenschlag der Kathedrale hindröhnte. »Die Zeit, unsere Zeit; daß sie doch abgelaufen wäre und wir Gnade fänden«, sagte er leise, vielleicht ohne daß Bernardino ihn hören konnte. Dann straffte er sich, grüßte den Liegenden mit einem Blick und ging rasch aus dem Zimmer.

DRITTES KAPITEL

Der Sitz des Kaisers stand, nur wenig erhöht, der langen und breiten Tafel gegenüber, an der sich die Mitglieder des Indienrates, die geistlichen und weltlichen Gelehrten und die beiden Opponenten niedersetzten. Die dem einfachen Sessel zugekehrte Seite der Tafel blieb frei. Mancher unter den Versammelten mochte sich noch des ersten Einzugs des jungen Kaisers in Valladolid erinnern und des großartigen Schmuckes, in den sich die Stadt kleidete, als sich der habsburgische Erbe der Vereinigten Königreiche auf hohem Throne huldigen ließ; nun bereiteten seine Diener sein Erscheinen vor,

85

indem sie den Räumen, wo er erwartet wurde, eher etwas
nahmen als zutrugen. Dem Sitze gegenüber saß der Kardinal
Loaisa von Sevilla, der Präsident des Indienrates; die beiden
Gegner besetzten die Enden der Tafel, Sepulveda verschlossenen Gesichts sich über seine Papiere beugend, Las Casas
die Stirn an die aufgestützten gefalteten Hände lehnend, ohne
die vor ihm liegenden Blätter zu beachten.

Als die Tür sich öffnete, erhoben sich die Versammelten; zwei
Räte des Kaisers, die zwischen der Tür und dem Sessel ihren
Herrn erwarteten, verbeugten sich tief, dann verneigten sich
die Geistlichen und Doktoren. Karl trat ein, das Barett auf
dem Kopfe und auf einen Stock gestützt; hinter ihm schritten
zwei Edelpagen, deren einer rasch vortrat, als der Fürst sich
anschickte, die niedere Stufe emporzusteigen. Der Kaiser
legte dem Knaben die Linke auf die Schulter und bediente
sich seiner Hilfe noch, als er sich langsam in den Sessel nieder-
ließ; dann gab er den Versammelten durch ein kurzes Nicken
zu verstehen, daß sie sich setzen sollten. Nun erst überblickte
er sie, mit fast gleichgültiger Kühle; er gewahrte Las Casas
am linken Ende der Tafel und grüßte ihn mit einem leisen,
nachdenklichen Lächeln, für das der Mönch dankte, indem
er sich ehrfürchtig erhob. Unter dem schmucklosen Mantel
Karls blinkte die Goldkette des Vlieses, aber er zog das
schwarze Tuch zusammen und schaute sich suchend um; einer
der Pagen eilte an die Feuerstelle und ließ die nur mäßig un-
terhaltene Glut stärker aufflackern. Indessen hatte sich der
Kaiser Papiere reichen lassen, die er durchsah, indem er die
Brille in einer gewissen Entfernung vor die Augen hielt. So
verging lange Zeit in völligem Schweigen; dann und wann
nur sprach der Fürst eines der gelesenen Worte halblaut nach.
Endlich sah er mit müden, leicht geröteten Augen auf, ver-
wahrte die Brille, gab die Schriften zurück und bedeutete dem
Kardinal von Sevilla mit einem Wink, daß er beginnen solle.
Besser als ein jedes Wort, erklärte der Kardinal, nachdem er
langsam aufgestanden war, belege die Anwesenheit der kai-

serlichen Majestät die hohe Bedeutung der Versammlung. Fast könne es den Anschein haben, als ob ein literarischer Streit in den vergangenen Tagen hätte verhandelt werden sollen; doch wisse ein jeder, daß der Doktor Sepulveda sein Buch über die gerechten Gründe des Krieges gegen die Indios nicht geschrieben habe, um durch seine Gelehrsamkeit zu glänzen; diese habe ihm ja, wie der Kardinal mit einer leisen Wendung zu dem Genannten hinzufügte, längst das Vertrauen seines kaiserlichen Herrn und den verdienten Ruhm eingetragen; es sei ihm vielmehr darum gegangen, die Rechte Spaniens auf die Neue Welt zu wahren und die Maßnahmen der spanischen Regierung gegen Andersdenkende in Schutz zu nehmen und als rechtmäßig zu erweisen. Niemals dürften die Gegner des Doktors vergessen, daß er sich auf den Rat treugesinnter Männer für das Teuerste einsetze, das er im Gange seines Denkens und Forschens erkannt habe. Um der Ordnung willen und um seinem Vaterlande zu dienen, habe er seine These verfochten; freilich, wenn der Vater Las Casas die Veröffentlichung dieses Buches, nachdem es bereits die Billigung hoher Behörden gefunden, in Spanien bisher vereitelt habe, so sei das gewiß nicht aus Neid auf des Doktors Ruhm geschehen; wenigstens sei unter allen Vorwürfen, die dem Vater Las Casas seine Tatkraft eingetragen, der Vorwurf der Ruhmsucht niemals laut geworden.

Es hätte ein Zweifel bestehen können, ob die leise Ironie dieser Worte den Pater in Schutz nehmen oder ob sie ihn anklagen sollte, und in der Tat erlosch der Widerschein gedämpfter Spottlust auch nur zögernd auf einigen Gesichtern, während der Redner fortfuhr: Ihm stehe es heute zu, einen jeden der Opponenten nach Möglichkeit zu verstehen und die Entscheidung höherer Einsicht zu überlassen; träfen doch in den beiden Gegnern ein Für und Wider zusammen, die beide tief in der Geschichte Spaniens wurzelten und diese Geschichte seit langem bewegten, so daß wohl so mancher bekennen müßte, sowohl den Vater Las Casas wie den Doktor Sepulveda in sich zu tragen. Die Wahrheit freilich könne nur eine sein und müsse gefunden werden.

Nicht also aus Gelehrtenneid habe Las Casas die Unterdrückung des Buches betrieben, sondern weil er der Überzeugung sei, daß des Doktors Sätze falsch und widerchristlich seien; daß die Indios als Freigeborene wohl bekehrt werden müßten, aber auf keine Weise zum Glauben gezwungen werden dürften. Damit fiele aber auch der größte Teil dessen, was bisher im Namen der spanischen Könige in der Neuen Welt unternommen worden sei, unter das Verdammungsurteil des Mönchs.

Wenn es wahr sei, daß das Kreuz aus eigener Kraft, nicht unter dem Schutze des Schwertes und des Staates, in dessen Händen das Schwert ruhe, sich ausbreiten solle über die Erde, so hätte Kolumbus, als er den Boden Guanahanis betrat, das Schwert auf dem Schiffe lassen sollen, und die Spanier hätten nur Märtyrer, nicht Krieger über das Meer senden dürfen, wie ja auch in Wahrheit unter den Völkern des Westens mehr Spanier zu Märtyrern geworden seien, als jemals die Chronikenschreiber und nicht zuletzt der Vater Las Casas selbst, der, wie bekannt, seit langem an einer Geschichte der Neuen Indien mit großem Eifer arbeite, der Welt jemals melden könnten. Dann geschähe Tag für Tag himmelschreiendes Unrecht unter dem Namen kaiserlicher Majestät; denn noch immer schwängen die Spanier in den wilden Gebirgen Perus und Chiles, wo der Ölbaum nicht eben üppig gedeihe, das Schwert, und man müsse sich das Unrecht, das nach der Meinung des Mönches begangen werde, deutlich vergegenwärtigen in seiner Furchtbarkeit, um die Forderung, die er erhebe, nicht für vermessen, ja für wahnwitzig zu halten.

Ein kühneres Ansinnen sei freilich niemals gestellt worden, und auch die Freunde des Las Casas dürften diesen Umstand nicht verhehlen. Denn Ordnung und Leben in der Neuen Welt müßten, sofern es erfüllt werden sollte, wenn auch vielleicht langsam, so doch völlig umgestoßen werden. Die

Indios müßten in die Rechte wieder eingesetzt werden, die sie vor der Entdeckung innegehabt hätten; zu untersuchen, was den Spaniern alsdann noch bliebe, sei in dieser Stunde nicht der Versammelten Sache; er, der Redner, habe nur darauf hinzuweisen, daß der Streit, den Las Casas nach ernster Prüfung aufgenommen, die ungeheuersten Folgen haben könne und an dem Punkte, wo die Verhandlungen angelangt seien, nichts Geringeres fordere als die Entscheidung darüber, ob alle Beziehungen zwischen dem Mutterlande und den Pflanzstaaten und die Lebensverhältnisse jenseits des Meeres von Grund aus verändert werden sollten. Denn die größte aller Veränderungen bringe der Wandel des Geistes hervor; und auf den Eingang einer neuen Idee in die geschichtliche Wirklichkeit ziele die Forderung des Las Casas. Ihm gehe es darum, die völlige Freiheit der Menschen vor Gott im spanischen Weltreich zu begründen und dessen Gefüge im ewigen Recht einzusenken. Vermessen sei es aber, angesichts der kaiserlichen Majestät die Folgen zu erörtern, die ein solcher Wechsel im Lauf der Jahre auf den Wohlstand Spaniens, den Stand der kaiserlichen Kassen, endlich auf die Weltpolitik des Kaisers ausüben müsse; sei doch eben jetzt der Augenblick gekommen, da der Kaiser nach seinem heldischen Kriege gegen die Ungläubigen in Algier sich als Einiger des Glaubens und Wiederhersteller der tief erschütterten alten Ordnung zu erheben gedenke. Und so sei die letzte Frage, die hier erhoben werde, fuhr der Kardinal mit gesenkter Stimme fort, vielleicht an das Gewissen der Majestät gerichtet; ob etwa das Ansinnen des Vaters Las Casas Gottes Gebot näher komme als die Lehre Sepulvedas und welche Opfer an irdischer Macht und vielleicht sogar an irdischer Verpflichtung ein von Gott gesetzter Amtsträger verantworten könne in dem Bemühen, seiner Verpflichtung vor der Ewigkeit gerecht zu werden: dies könne von keinem der berufenen Geistlichen und Gelehrten mit unmittelbarer Wirkung auf die Geschichte entschieden werden.

Ihm jedoch, fügte der Redner hinzu, indem er von diesen fast persönlichen Worten zum Schluß seiner Rede überging, stehe es jetzt nicht an, sein eigenes Urteil abzugeben; er habe dies während der Verhandlungen getan; heute sollten allein die Opponenten vor des Kaisers Majestät ihre Sache vertreten, und zwar nicht im gelehrten Streite, der längst ausgefochten und zu Papier gebracht worden sei, sondern als das persönliche Anliegen, dem ein jeder auf seine Weise mit derselben Festigkeit ergeben sei. Wohl gäben ja die Gründe den Ausschlag in Regierungsgeschäften; doch forderten es Gerechtigkeit und Klugheit, auch die Sprecher der Gründe anzusehen und zu prüfen und ehrlichen Eifer, wo immer er auftrete, mit einzuschätzen. Da nun die Disputation sich vor einiger Zeit nicht gerade zugunsten des Vaters Las Casas gewendet habe, so sei es vielleicht, wenn der Kaiser das erlaube, billig, dem Pater den Vorteil der ersten Rede und, wenn es sein solle, des Angriffs zu überlassen.

Der Zug ernster, kühler Aufmerksamkeit auf dem Gesicht des Monarchen entspannte sich nicht, als sei keine Unterbrechung, keine Frage geschehen.

»Ich weiß nicht«, begann Las Casas, der nach kurzem Warten aufgestanden war, »wie ich meiner Sache noch helfen soll, wenn sie sich nicht selber hilft mit der Kraft der Wahrheit. Denn was wahr ist, habe ich gesagt. Auch sind wir, glaube ich, nicht zusammengekommen, um die Geschäfte der Erde und über die Schicksale der Staaten zu verhandeln; dazu bedürfte es weiserer Männer, als ich bin. Aber wir sind da, um uns über das Einfachste zu verständigen: darüber, wie das Gebot unseres Herrn und Heilands, der für alle Menschen gestorben ist, befolgt werden soll, und auf welche Weise wir alle, ohne die Folgen unseres Tuns für zu groß und Gottes Wirkung für zu gering anzusehen, arbeiten sollen an der Verbreitung seines Reiches.

Der Herr hat seine Apostel ausgesandt, die Völker zu taufen; und die Apostel gehen noch über die Erde und werden Arbeit haben, bis er sie abruft. Und unser ganzes spanisches Volk ist vom Herrn mit diesem Apostelamt betraut worden; die edle Königin Isabella war des Herrn Werkzeug, als sie Kolumbus, einen ehrlichen und einfachen, aber in vielen Dingen unwissenden Mann, dem später böswillige Feinde so bitteres Unrecht zufügten, erhörte und ihn Schiffe ausrüsten ließ. Dafür muß unser Volk unabänderlich leben; Gott hat es gewollt, daß wir die Neue Welt entdecken und den Völkern, die er längst darauf vorbereitet hat, das Kreuz bringen. Gott wird uns einmal fragen, ob wir getan haben, was er uns aufgetragen hat; an diesem Auftrag werden wir gerichtet werden. Wenn ich den Doktor Sepulveda recht verstanden habe, so ist er mit mir derselben Meinung, daß dies unsere Aufgabe ist. Und nur weil wir in den Neuen Indien nicht Reiche gewinnen sollen, sondern Seelen, wage ich es, der ich schlichtes geistliches Gewand trage und oft mich herzlich nach der Stille des Klosters sehne, vor den Rat zu treten.

Einig sind wir, wie ich glaube, auch darin, daß Gott den Menschen frei geschaffen hat und vor ihm kein Unterschied zwischen den Menschen ist. Aber der Doktor meint, daß wir die Völker unterwerfen sollen, um sie zu bekehren und ihnen auf eine Weise, die ich mir nicht völlig klarmachen kann, nach der Unterwerfung die Freiheit des Christen bringen sollen. Wer aber von einem Apostel des Herrn getauft wird, der wird aufgenommen in den Neuen Bund und seiner Sünden ledig; der Irrtum, in dem er zuvor gelebt hat, kann ihm nicht mehr zur Last fallen. Nun ist er Christ, steht er unter dem Gesetz des Christen; er hat ein neues Menschentum empfangen, dem er treu bleiben muß, wenn er der ewigen Strafe nicht verfallen will. Darauf kommt alles an, daß die Taufe einen neuen Menschen macht. Wollten wir an einem Getauften das ahnden, was er als Ungetaufter getan, so könnten wir ebensogut für eine Untat einen Unschuldigen büßen lassen, der mit dem Täter nichts gemein hat. Unser Herr hat die Welt völlig verwandelt, als er kam; und er verwandelt einen jeden Menschen, zu dem er kommt. Taufen wir, so haben wir kein Recht, die Abgötterei zu strafen; taufen wir nicht, so haben wir kein Recht, nach den Indien zu fahren. Darum erachte ich die Kriege gegen die Indios für unerlaubt, die Sklaverei für unchristlich.«

Der Sprecher brachte diese Sätze wie unter einer schweren inneren Nötigung hervor; es war ihm an manchen Stellen anzumerken, daß ihm ein heftiges Wort auf der Zunge lag, das er niederzwang. Er danke, antwortete Sepulveda, dem Pater für seine Mäßigung und ganz besonders dafür, daß er das ihnen Gemeinsame hervorgehoben habe; seien sie doch, wie er zu seinem ehrlichen Schmerze bekenne, manches Mal in Gefahr gewesen, dieses Gemeinsame zu vergessen. Las Casas habe von sich selbst, seiner Sorge um die Erfüllung des Auftrages Gottes gesprochen; auch er müsse um der Sache willen ein Wort von sich selber reden. Nur mit großem Widerstreben habe er auf die Aufforderung des Kardinals von Sevilla in seinem Buche die Gründe für die Kriegsführung der Spanier in den Neuen Indien dargelegt, erhärtet und unter Beweis gestellt; er habe es getan in der Überzeugung, damit dem Glauben einen Dienst zu leisten. Denn wie dem Glauben geholfen werden solle, wenn nicht durch einen geordneten Staat? Zugleich habe er es freilich auch getan, weil ihm die Ehre des Kaisers, der ihm mannigfache Gunst erwiesen und ihn zu seinem Historiographen erhoben habe, und die Ehre seines Volkes im Herzen brennten. Diese Ehre – er müsse das sagen, wiewohl er dem Vater Las Casas viel lieber die Hand reichen würde vor dem Throne des Kaisers – werde gekränkt durch die Behauptung, daß in der Neuen Welt unter der ehrwürdigen Fahne Kastiliens die Spanier vom Gouverneur bis zum Schiffsknecht – vielleicht mit der einzigen Ausnahme der Brüder vom Orden des heiligen Dominikus – kaum etwas anderes als schändliche Verbrechen begingen. Was ihn selber angehe, so schätze er das Dasein eines Gelehrten höher als einen jeden Streit der Welt; und wenn es ihm in gewissenhafter

Mühe gelänge, ein Geistesgut zu erarbeiten, das einem edlen und klugen Fürsten bei der Leitung seiner Völker von Nutzen sei, so habe er durchaus getan, was er begehre, und um so lieber, wenn es in der Stille geschehe. Für die Anerkennung seines Monarchen schlage er einen jeden Beifall der so rasch getäuschten Welt in den Wind; sie mache ihm das Dasein eines Gelehrten leicht, das seiner Natur nach doch immer ein verkanntes und ruhmloses Dasein sei, von den wenigsten geschätzt, den meisten nicht einmal verständlich. Er wisse, daß ein jeder, der ihn kenne, dieser Versicherung glaube.

Da er aber aus solchen Gründen gehandelt, so habe es ihn in der Seele schmerzen müssen, daß der Vater Las Casas, dessen mühereiches Leben er aus der Ferne wohl geachtet habe, sich mit einer solchen Erbitterung auf sein Buch geworfen und dessen schon gesicherte Wirkung hintertrieben habe; daß der Pater, in seinem Eifer bald die Sache mit der Person verwechselnd, ihn, den wohlmeinenden Verfechter spanischer Ehre, vor der Öffentlichkeit herabgesetzt, ja der Unaufrichtigkeit geziehen habe. Was geschehen, sei wohl nicht mehr gutzumachen, und auch der Schatten eines Makels, der auf den Namen eines Gelehrten gefallen, sei schwer zu tragen; aber es sei vergeben und vergessen. Verkenne er doch den uneigennützigen Eifer des Angreifers nicht, wenn auch dieser ihm bisher ein gleiches Zeichen der Billigkeit nicht habe zukommen lassen. Freilich sei – fuhr der Doktor mit einem Blick über die Versammelten fort – im Verlaufe der langen Disputation seine grundlegende Überzeugung nicht erschüttert worden. Der Pater glaube, daß vor allem das Recht vollzogen werden müsse, dem der Mensch von Geburt an, durch sein Menschsein unterstehe; er glaube, daß es kein Recht gebe, das sich nicht auf eine staatliche Ordnung beziehen müsse.

Das erste Gesetz sei, Ordnung auf Erden zu schaffen; erst wenn sie begründet sei, gelte die Forderung des christlichen Lebens, die er im übrigen in ihrem ganzen Umfange, im Glauben und in der Hoffnung anerkenne. Wolle man aber das Gebot Christi als ein Unbedingtes nehmen und seinen notwendigen Bezug auf die Ordnung des irdischen Lebens übersehen oder hintansetzen, so führe es seiner Einsicht nach zu einer heillosen Verwirrung der menschlichen Existenz, ja, wie der gegenwärtige Streit schon fast beweise, zur Gefährdung eines ganzen mächtigen Volkes. Das schlimmste aber sei, daß diese beziehungslose Hingabe, die von Gott dem Herrn keinesfalls gewünscht sein könne, am Ende der Erfüllung der Gebote Christi selbst widerstreite; denn es müsse sich herausstellen, daß mit der Gefährdung eines christlichen Staates dem Christentum selbst der schwerste Schaden drohe. Dagegen seien alle Mittel, die dem christlichen Staate dienten, auch dem Christentum selbst förderlich; was zur Festigung dieses Staates beitrage, sei gut; was ihm schade, müsse nicht unbedingt schlecht, aber doch wenigstens falsch und töricht sein. Sei der christliche Staat begründet, so auch das Christentum; und die Neuen Indien von Mexiko bis Peru, von den Lucayos bis zum Isthmus seien dann endlich dem Gesetze Christi gewonnen, wenn sie dem Zepter der spanischen Könige unterworfen seien. Maßnahmen, die dazu führten, dienten dem Glauben; und darum müsse er noch einmal auf das bestimmteste versichern, daß er die Kriege der Spanier, deren Ziel die Unterwerfung und Bekehrung der Indios sei, für eine gerechte, ja eine heilige Sache halte.

Las Casas hatte in wachsender Erregung zugehört; nun sprang er auf: »Im Namen Gottes erkläre ich die Eroberungskriege der Spanier, die bisher geschehen sind, für rechtswidrig, tyrannisch und höllisch; für schlimmer und grausamer als das, was Türken und Mauren getan haben!« – »Nichts«, rief Sepulveda scharf zurück, »ist ein größerer Greuel als Unordnung; niemand verderblicher als der Unruhestifter.« Auf dem schmalen Gesicht des Doktors stand tiefster Abscheu; aber die Blicke der Versammelten waren auf den Kaiser gerichtet in der Furcht, daß die rücksichtslose Heftigkeit der Gegner seinen Zorn errege. Der Monarch saß noch immer in derselben leicht zurückgesunkenen, doch nicht nachlässigen Haltung in seinem Sessel; die Rechte riß zuckend an dem Handschuh der Linken, wortlos wandte er die Augen auf Sepulveda, der den Blick seines Herrn mit einer Verneigung erwiderte und dann fortfuhr:

»Es steht mir nicht an, in Gegenwart unseres kaiserlichen Hérrn Spanien gegen einen solchen Vorwurf zu verteidigen; auch wäre Besseres zur Verteidigung nicht anzuführen als der uns allen bekannte hohe Sinn unseres Fürsten. Wider unsere Würde wäre es aber, zu beweisen, daß wir keine Mauren und Türken sind. Es muß einen jeden Wohldenkenden auf das bitterste betrüben, daß ein Träger des geistlichen Gewandes, ein Mann, der im siebenten Jahrzehnt eines vielbewegten, ja ruhelosen Lebens steht, sich von wirrem Eifer nicht allein zur Beschimpfung redlicher Männer hinreißen läßt – diese könnten die Beschimpfung im Vertrauen auf ihre Sache wohl verschmerzen –, sondern seine Nation seit langem vor der ganzen Welt herabsetzt.

Denn was könnte den Feinden Spaniens erwünschter sein, als aus spanischem Munde zu hören, daß wir jahraus, jahrein die abscheulichsten Verbrechen auf uns lüden? Und wie, wenn die Welt, die immer nach Gründen sucht, um dem Bevorrechteten und Besitzenden das Seine zu nehmen, aus solchen Anklagen einmal folgerte, daß wir unser Recht und damit unsern geschichtlichen Anspruch und unsere Macht verwirkt hätten? Die Anklagen des Vaters Las Casas sind zum unausdenkbaren Schaden des spanischen Namens und somit des spanischen Staates; es ist meine Pflicht, dies zu sagen. Mit Recht könnte auch ein Lehrer die Frage aufwerfen, ob nicht ein Mann, der auf so beharrliche Weise und mit Gründen, die von Staatsdenkern als unbestreitbar falsch erwiesen worden sind, sein Volk beschuldigt, nicht als Verräter angesehen werden müsse. Ich will schweigen von den maßlosen Übertreibungen, deren sich der Pater in so vielen Schriften schuldig gemacht hat; und ich will über die Grenze nicht hinausgehen, an der dieses Wort innehält. Ich will auch jene Frage nach der geschichtlichen Rolle des Anklägers, die ich mir manches Mal im stillen gestellt habe, nicht erörtern. Aber gewiß ist es doch, daß das Tun des Vaters Las Casas im Laufe der Jahre wie der böse Verrat wirken muß. Wie lange noch, dann werden unsere Gegner – wenn diesem Tun, wie ich als Christ und Spanier wünsche, nicht ein Ende gesetzt wird – seine Anklagen aufgreifen und verbreiten; wir haben weder die Heere noch die Schiffe unserer Feinde zu fürchten; aber zu fürchten haben wir die Zerstörung unseres Namens, der die Zerstörung unserer Herrschaft mit Sicherheit folgen wird.«

Las Casas wollte sich erheben; aber in diesem Augenblick hatte sein Gegner unter der leidenschaftlichen Teilnahme der Zuhörer, deren nur wenige sorgenvoll auf den Angeschuldigten blickten, die Oberhand offenbar völlig gewonnen; der erzene Blick des Staatslehrers schien den Mönch niederzuzwingen. »Solcher Gefahr gegenüber«, setzte Sepulveda seine Rede fort mit dem Ausdruck eines Mannes, der nicht mehr in einer Disputation, sondern vor dem höchsten Tribunal seine Sache vertritt, »ist es wohl angemessen, die Aufmerksamkeit der Person des Anklägers selbst zuzuwenden, um zu prüfen, bis zu welchem Grade seine Anklage und sein Leben zusammenstimmen.«

Er warf einen Blick auf die vor ihm geordneten Papiere, ehe er seine Schilderung aufnahm: »Da ist es denn merkwürdig, den jungen Lizentiaten Las Casas auf den Straßen Salamancas in Begleitung eines Sklaven anzutreffen, den ihm sein Vater aus den Neuen Indien mitgebracht hatte. Der Ritter Las Casas war ja mit Kolumbus auf dessen zweiter Reise nach Haiti gekommen und hatte dort reichen Besitz erworben, dessen Segnungen vielleicht auch dem Sohne zugute gekommen sind. Wenigstens trug der Lizentiat keine Bedenken, sich von einem Indio als seinem leibeigenen Knecht bedienen zu lassen. Erst als die große Königin Isabella es den Kolonisten auf das strengste verbot, solche Geschenke nach Spanien zu schicken, und die Rücksendung der mitgebrachten Sklaven forderte, mußte sich der Lizentiat von dem seinen trennen.

Bald darauf fuhr er mit Ovando, dem Dritten Admiral, über den Ozean; es ist mir nicht berichtet worden, daß er seine Goldminen mit geringerem Eifer und mit wesentlich anderen Mitteln – etwa mit gedingten Arbeitern statt der ihm vom Gouverneur überschriebenen Eingeborenen – als die anderen Landbesitzer betrieben hätte; dagegen wird mir von einem Jahresgewinn von so bedeutender Höhe geschrieben, daß ich an den Angaben zweifle und sie lieber nicht mitteilen will. Gewiß wird er sich vor Mißhandlung der ihm anvertrauten Indios gehütet haben, damit ein Beispiel gebend, das, wenn wir seine Schilderungen auf die Wirklichkeit übertragen dürfen, bis auf den heutigen Tag das einzige geblieben ist. Er nahm teil an dem Kriegszug gegen den Kaziken Cocabunò in Higuey, der Südostspitze Haitis; ob er sich auch bei diesem Anlaß von seinen Landsleuten unterschied und den Feind taufte, bevor er unterworfen wurde, ob er erst die Unterworfenen taufen ließ oder aber die Bekehrung noch nicht seine Sorge war, würden wir aus seiner Geschichte Indiens erfahren, wenn diese, was ich nicht wünschen kann, ans Licht treten würde. Denn der klare und scharfe, die Vergangenheit sichtende und ordnende Geist des Geschichtsschreibers würde einem solche Werke abgehn.

So lebte der ›Vater der Indios‹, wie ihn heute die westlichen Völker nennen, im vollen Genuß der Segnungen, die unter dem Zepter unserer erlauchten Könige und der weisen Leitung ihrer Beamten den Spaniern im Westen beschieden waren. Was ihn bewog, auf eine einzige Predigt hin, die der Dominikanerprior Pedro von Córdoba in La Confesión de la Vega vor dem Vizekönig Ovando hielt, den weltlichen Stand zu verlassen und Priester zu werden, weiß ich nicht; ich vermag nur anzugeben, was die Papiere vermelden, daß der Lizentiat Bartolomé de Las Casas aus Sevilla am Tage der Goldschmelze und in Gegenwart des Admirals Ovando in La

Vega seine erste Messe sang und daß dies die erste Messe war, die ein neu geweihter Priester in den Neuen Indien gesungen hat. Indessen sagen die Berichte, die ich eingezogen habe, nichts von einem Wandel seines Innern aus; wir müssen annehmen, daß er nach der Priesterweihe blieb, was er war, und somit auch für Recht hielt, was seine Landsleute für Recht hielten. Dafür scheint die an sich nicht unwichtige, aber leider auch nicht nachprüfbare Mitteilung zu sprechen, daß einer der strengen Dominikanermönche, die unter den ersten Predigern das Evangelium in den Neuen Indien verkündigt, dem Las Casas als einem Sklavenhalter Absolution und Sakrament versagt habe und daß der Zurückgewiesene sich darauf von einem milderen Priester die Lossprechung habe erteilen lassen.

Um die Zeit, da der tapfere, aber unglückliche Velazquez Kuba eroberte und damit dem edlen und mächtigen Cortez den Weg nach Mexiko bereitete, durchstreifte der Priester Las Casas Kuba; dort ließ er sich in gesegneten Landstrichen bedeutenden Grundbesitz überschreiben, den er, wie wir kaum zweifeln können, ungeachtet seines geistlichen Kleides auf die übliche Weise bewirtschaftet und verwaltet haben mag. Den Ertrag jener noch völlig unberührten Goldfelder wage ich nicht zu beziffern; Las Casas besaß sie gemeinsam mit einem Freunde, Pedro de Rentería, und genoß in Gegensatz zu diesem, der weltfremd war, den Ruhm großer Erfahrung, Gewandtheit und Hartnäckigkeit in Geschäften.

Doch will es nicht gelingen, Ordnung und Ziel in seinem Leben zu finden; er wendete sich vom Weltlichen zum Geistlichen, vom Geistlichen zum Weltlichen zurück; da trat wieder eine Wendung ein, die ebenso unvermittelt und unerklärlich dünkt wie die erste. Der Priester und Landbesitzer hielt in Baracoa auf Kuba am Pfingstfest des Jahres 1514 die Predigt; von da an begann er den Kampf gegen das Leben der Spanier in den Kolonien; er erschien vor dem Gouverneur Velazquez und erklärte zu dessen nicht geringem Erstaunen, daß er auf seinen gesamten Besitz verzichte, gewann bald den Freund für seine Meinung, suchte mit diesem Schulen für die Kinder der Indios zu errichten, verband sich mit den tugendhaften, aber leider auch starrsinnigen Brüdern vom Orden des heiligen Dominikus, denen er, wie mir zu sagen erlaubt sei, besser Mäßigung als Feuer zugetragen hätte, und erschien in deren Gemeinschaft nicht lange danach in Spanien mit der Forderung nach Reformen, die er bis zum heutigen Tage aufrecht erhalten hat, trotz allen ihm zugedachten Belehrungen und Einwänden. Wie oft er inzwischen nach Spanien und nach den Indien fuhr und zwischen den Inseln und dem Festland kreuzte, ohne Ruhe zu finden, erkühne ich mich nicht nachzurechnen.

Mehr als zwanzig Jahre sind es schon her, daß des Kaisers Majestät, in dem väterlichen Bemühen, einen jeden Vorschlag zu prüfen, der zum Wohl seiner Untertanen diesseits oder jenseits des Meeres gemacht wird, auf die großmütigste Weise auf einen Plan des Las Casas einging. Dieser wollte beweisen, daß er, sofern die Regierung sich nicht einmische, mit freien Eingeborenen in völligem Frieden leben und aus dem Ertrag des ihm anvertrauten Landes noch einen bedeutenden Zins nach Spanien senden könne. Aber was wurde aus den zweihundertsechzig Meilen wertvollen Küstenlandes in Paria, das des Kaisers Majestät dem Geistlichen zur Verfügung stellte? Unser Priester zog predigend durch die Dörfer Kastiliens und beredete die Bauern, in den Westen auszuwandern, wo zehnfache Fruchtbarkeit ihre Arbeit lohne; sie glaubten ihm und zogen in Haufen nach Sevilla und auf die Schiffe; als sie krank in Santo Domingo ankamen, mußten sie erfahren, daß ihr Werber noch in Spanien war und sie ihrem Schicksal überlassen hatte, das denn auch noch trauriger war, als wir es uns vielleicht ausmalen können.

Nur mit der größten Verwunderung aber nehmen wir wahr, wie der Priester Las Casas sich auf seine Statthalterschaft in Paria vorbereitete. Er hatte nichts Dringenderes zu tun, als für sich und die ausgewählten Kolonisten eine ritterliche Tracht zu entwerfen vom weißen Mantel mit dem aufgesetzten Kreuz bis zu den silbernen Sporen; also angetan wollte er den Indios, deren Tücke uns wohl bekannt ist, Vertrauen einflößen. Ob ihn dabei das Beispiel seiner ritterlichen Ahnen, die gegen die Mauren fochten, geleitet hat, wissen wir nicht. Freilich ist es zur Probe auf die Wirkung dieser Tracht gar nicht gekommen; denn unser Statthalter hat sein Amt gar nicht ausgeübt. In San Juan de Puerto Rico hörte er, daß die Bewohner Parias die unter ihnen lebenden Mönche auf die scheußlichste Weise ermordet hatten – der wackere Missionar Juan Garcés ist unter ihnen gewesen – und auf Befehl der Audiencia von Santo Domingo bereits eine Strafexpedition unter dem Kommando Ocampos unterwegs sei. Der weiße Ritter ließ die ihn begleitenden Kolonisten in San Juan und eilte nach Santo Domingo zurück, vielleicht um die Audiencia zur Abberufung der Strafexpedition zu bewegen und danach den Mördern den Frieden zu verkünden. Wohl kam er darauf nach Paria, aber die Kolonisten hatten sich verlaufen, und wer noch geblieben war, wollte dem Statthalter nicht gehorchen; bald tat er es ihnen nach und ging, und bis zu dieser Stunde ist er in seine Kolonie nicht zurückgekehrt. Vielmehr verschwand er zum tiefsten Erstaunen aller, die Hoffnungen auf ihn gesetzt, und zum geringen Erstaunen derer, die an ihm gezweifelt hatten, für lange Jahre im Dominikanerkloster zu Santo Domingo.

Erst nachdem der glorreiche Pizarro Peru eroberte, tauchte er wieder auf; die klösterliche Zurückgezogenheit hatte jedoch seinen Eifer nicht im mindesten gedämpft. Bald verbreitete er im Mutterlande, und zwar in immer lauterem Tone, die Anklagen gegen seine Landsleute, die Herabsetzungen des spanischen Namens, die einen jeden Patrioten erzürnen, ja zu seinem Feinde machen mußten. Was er außer dieser Tätigkeit leistete, ist schwerer zu bestimmen. Mit dem Vorsatze und der Ermächtigung, Klöster in Peru zu gründen, machte er sich auf die Reise durch den Isthmus, doch kehrte er in der Mitte um; er begann, die Indios im Gebirge Guatemalas auf friedliche Weise zu bekehren; doch auch dieses Werk, das vielleicht sein schönstes und verdienstlichstes ist, hat er, wenn wir nicht irren, verwaist zurückgelassen, um aufs neue den Streit und die Unruhe zu suchen, denen er sich nun einmal ergeben hat.

Was könnte besser den Zustand seines Geistes kennzeichnen, als daß er, der die Réchte studiert hat und sein ganzes Leben damit hinbringt, das Naturrecht gegen das Staatsrecht aus-zuspielen, selber kein absolutes Recht kennt, vielmehr zweier-lei Recht anwendet? Denn das hat er offenbar getan, als er riet, Neger nach den Neuen Indien zu verfrachten und sie statt der Indios als Arbeiter in den Bergwerken und auf dem Felde zu gebrauchen. Ich will nicht sagen, daß er der erste war, der diesen Gedanken hatte; aber er hat sich mit heißem Eifer für ihn eingesetzt; und er hat damit vor aller Welt zu-gegeben, daß für höhere Rassen ein anderes Recht gelte als für mindere; als höher muß er die Indios betrachtet haben und als geringer die Neger. Unmöglich kann er doch über-sehen haben, daß die Neger sich nicht freiwillig auf die Schiffe der portugiesischen, genuesischen und holländischen Händler begeben; daß sie in demselben Sinne frei wären, wie es die Indios nach seiner Meinung sein sollen, wenn eben nicht ein höher geartetes und höher entwickeltes Volk – und das sind wir Spanier allein – zum Frommen der Welt ein Recht inne hätte über tiefer stehende Völker, wie das schon Aristo-teles und Plato gelehrt haben.

Dies ist das Leben des Mannes, der sich zum Richter seines Vaterlandes, zum Urteil über so viele ruhmwürdige Männer, deren Taten die äußerste Kühnheit griechischer und römischer Helden in den Schatten stellen, berufen fühlt. Ich zeihe ihn nicht schlechter Absichten; was er Einzelnen an Beleidigun-gen zugefügt, was er an offenbaren Unwahrheiten verbreitet, rechne ich, wie ich schon sagte, seinem Eifer an. Aber der Böswilligste ist nicht so gefährlich wie der gläubige Gefolgsmann einer falschen Idee; nicht nach ihren Absichten, sondern nach dem, was sie beitragen zur irdischen Ordnung und Wohlfahrt, müssen die Menschen gemessen werden; das Urteil über ihre Absichten und den Wert ihres Innern ist nicht unsere Sache, sondern Gottes.

Ich stehe hier für die Festigkeit des irdischen Gefüges, dessen Erschütterung es unserem Volke nach einiger Zeit unmöglich machen würde, seine Aufgabe diesseits und jenseits des Meeres zu erfüllen, ja das Heil seiner Seele zu suchen. Wenn dieses Gefüge fest ist und solange es das ist, sollen wir das Reich des Herrn erstreben; auf festem Grunde sollen die Geschlechter die Steine schichten, in der Hoffnung, daß es einmal gelänge, Gottes Haus zu vollenden; und soweit es immer der Boden erlaubt, auf dem wir stehen, sollen wir trachten, Gott näher zu kommen und seinem Gesetz zu genügen oder diesem Gesetz uns in wachsendem Maße anzugleichen. Der Staat dient dem Herrn, insofern er wohlgegründet ist; wankt aber der Grund, so müssen wir diesen erst sichern, bevor wir dienen können. Darum bekämpfe ich den Vater Las Casas, weil er die Fundamente aufwühlt, auf denen unser Dasein ruht, und Zerstörendes in unser Leben hineinträgt und dies noch zu einer Stunde zu tun wagt, da unserm Volke die Ordnung der Welt in die Hand gegeben ist und es für alle künftigen Zeiten zeigen soll, ob es zu ordnen und das Schicksal der Welt zu verantworten vermag. Weil wir vor dieser Entscheidung stehn, darum zeuge ich gegen den Vater Las Casas; ich tue es nicht um meinetwillen, sondern als Diener meines Herrn, den Gott zum Ordner und Verwalter der Welt gemacht hat; und ich tue es in tiefstem Widerwillen gegen die Hirngespinste, die das Notwendige vernebeln und die Klarheit irdischer Gesetze verschleiern wollen. Wir haben den gefährlichsten und ruhmreichsten Weg auf den letzten Gipfel der spanischen Geschichte betreten; lassen wir uns jetzt von Träumern, von Rittern im weißen Mantel, betören, so stürzen wir ab. In unserer Macht wurzelt unsere Aufgabe, und wir würden beides opfern und unser Leben dazu, wenn wir dem ›Vater der Indios‹ folgen wollten.«

Sepulveda hatte seine Rede und namentlich die letzten Sätze in schneidender Kälte vorgebracht, als ob der Beschuldigte gar nicht anwesend, sondern eine wohlbekannte ferne Person sei; die Wirkung auf die Zuhörer war eine unterschiedliche. Auf dem Gesicht des Bischofs von Burgos, eines alten Gegners des Las Casas, lag unverhohlene Zustimmung; er hatte einige Stellen der Rede mit heftigem Kopfnicken, andere mit einem Lächeln bestätigt, auch die meisten unter den Gelehrten und Räten, namentlich die Franziskaner, schienen die Schilderung des Doktors zu billigen, wenn auch einer wie unter peinigender Scham den Kopf senkte und schließlich die Hand vor die Augen legte, als wolle er keinen Anteil an seiner Umgebung haben. Die scharfgeschnittenen Züge des Kardinals drückten Mißstimmung aus; der Bischof von Segovia, der neben Las Casas saß, mußte sich mehrmals bezwingen, dem Redner nicht in das Wort zu fallen; dagegen konnten die Dominikaner sich offenbar einer niederdrückenden Wirkung nicht erwehren; sie warfen besorgte Blicke auf den Kaiser, der sich indessen, schon bald nach dem Beginn der Rede, wieder fester in seinen Mantel gehüllt hatte und keine Meinung zu erkennen gab; dann sahen die Mönche bald mitleidig, bald vorwurfsvoll ihren Mitbruder an. Sobald jedoch Las Casas das Vorhaben seines Gegners durchschaut hatte, schien er aufzuatmen; Demut, Ergebung und Erleichterung spiegelten sich in seinen Mienen; nur als Sepulveda den Handel mit Negern zur Sprache brachte, ächzte der Mönch wie unter einer schweren Verwundung auf. Doch gewann er während der letzten Sätze die Fassung wieder, so daß er sich in demütiger Gelassenheit zur Erwiderung anschickte:

»Der Doktor Sepulveda«, begann er, »hat mit großer Genauigkeit mein Leben erforscht und erzählt, und ich bin ihm dankbar dafür; denn keine Schwäche derer, die der Herr zu seinen Dienern macht, soll verborgen bleiben. Sind wir in Wahrheit doch nur das, was Gott von uns will. Auch darin hat der Doktor recht, daß er mir Unbeständigkeit und Verwirrung und närrische Handlungen oder doch solche, die vor der Welt als närrisch erscheinen müssen, zum Vorwurf macht. Ja, mein Leben ist mit Schuld beladen, die ich nie werde abtragen können; ich bin nun ein alter Mann und längst in den Jahren, da andere den Ertrag ihres Wirkens klar vor sich sehen, und es ist mir doch nicht gelungen, das Bild meines früheren Lebens auszulöschen. Es bleibt bestehen, und wo ich gehe und streite für Gottes Reich, da begegne ich dem Bartolomé de Las Casas, der wider Gottes Reich gestritten hat und noch immer stark genug ist, um mich alten Mann aus dem Felde zu schlagen. Schwerer liegt aber nichts auf meiner Seele, als daß ich, wie der Doktor wahrheitsgemäß geschildert hat, geraten habe, Neger nach Westindien zu bringen und sie an der Stelle der Indios arbeiten zu lassen. Eben dieses eine Mal bin ich nicht vom Rechte ausgegangen, das unverrückbar über uns hängt, sondern von meinem Mitleid. Ich glaubte, die Neger ertrügen mehr als die Indios, die ich an allen Straßen sterben sah, und wollte durch ein geringeres Leiden ein größeres aufhalten. Aber es war Irrtum und Schuld, und ich schwöre sie hiermit feierlich ab und erkläre, daß es wider alles Recht und wider den Glauben, daß es im höchsten Maße verdammungswürdig ist, die Neger an der Küste Guineas wie Wild einzufangen, sie in die Schiffe zu pferchen, in Indien zu verhandeln und dort so mit ihnen umzugehen, wie es täglich und stündlich geschieht. Ich habe schuld daran, weil ich Narr meinem Herzen nachgegeben habe, statt anzuraten, was Recht ist. Aber auch das Gold hat Gewalt über mich gehabt in meiner Jugend; ich bin ein Spanier und bin den Versuchungen erlegen, denen mein Volk unterworfen ist, und ich kämpfe mit diesen Versuchungen, um meinem Volke zu zeigen, wie ich sie überwinden kann.

Aber das Beste in des Doktors Rede war vielleicht, daß er erzählte, wie ich am Tage der Goldschmelze zum Priester geweiht worden bin. Denn ein Tag der Schmelze ist es gewesen, das kann ich versichern; damals ist mein Herz zum ersten Mal in die Schmelze gegeben worden, es war hart und bedurfte eines starken Feuers, eines heißeren, als Menschen anzufachen vermögen, und wollten sie uns auch auf das bitterste hassen, verleumden und kränken. Ein Feuer von oben ist es gewesen. Das eine kann ich freilich an des Doktors Rede nicht begreifen, daß er sagte, ich sei nach der Weihe geblieben, was ich vorher gewesen. Weiß er nichts von der Gewalt des Sakraments? Nichts davon, daß das Sakrament den Erwählten, auch wenn er nicht würdig ist, verwandelt, den Verworfenen aber verdirbt? Mich hat Gott gerufen mit der Stimme des Pedro von Córdoba.

Als ich den Prior sprechen hörte in der Stadt La Vega von der Herrlichkeit des Paradieses, als ich ihn nach der Messe inmitten der unglücklichen Indios, ihrer Frauen und Kinder sitzen sah – er hatte sie eigens rufen lassen, denn wer hätte sie in die Messe geschickt? – und vernahm, wie er den Vergewaltigten und Entrechteten vom Himmelreich erzählte, auf das sie dasselbe Anrecht hätten wie ihre Unterdrücker: da zerrann das Gold, dem ich nachgelaufen war, und ich begriff, daß Edleres nicht gewonnen werden mag als die Seelen der Menschen. Aber mein Herz und Sinn verhärteten sich wieder; und es vergingen Jahre, bis sie aufs neue in die Schmelze gegeben wurden. Das geschah auf Kuba, als ich zur Aushilfe nach Baracoa gerufen wurde, um zu Pfingsten zu predigen; da traf mich, während ich mich auf die Predigt vorbereitete, das Wort der Schrift von den Gaben der Gottlosen, an denen der Herr kein Wohlgefallen hat; von dem, der des Armen Gut opfert und tut wie ein Mann, der den Sohn vor den Augen des Vaters schlachtet; von dem Bluthunde, der dem Arbeiter seinen Lohn nicht gibt; und nun begriff ich mit einem Male das ungeheure Unrecht, in dem wir alle lebten.

»Das wissen wir ja wohl alle«, fuhr Las Casas fort, indem er sich unmittelbar an seinen Gegner wandte, anders als dieser, der meist über seinen Widersacher hinweg gesprochen hatte, »daß wir mit dem gehörigen Fleiße aus den Papieren heraus- lesen können, was ein Mensch getan hat; was sich aber in ihm begab, wissen wir nicht; niemand kennt ein Leben von innen; und darum konnte der Doktor auch nicht ahnen, daß ich in jenem Augenblick zum unversöhnlichen Feinde der Sklaven- besitzer und Eroberer und aller derer wurde, die sich vom Unrecht ernährten und gar dieses Unrecht verteidigten. Denn dazu bin ich bestellt; und wenn Gott einen Narren zu seinem Werkzeug gemacht hat, so soll man auch den Narren um des- willen achten. Und nur von meiner Kolonie in Paria muß ich noch sprechen; denn mehr Anlaß, meiner zu spotten und mei- nem Werk zu schaden, habe ich der Welt nie gegeben als mit diesem Plane. Wie hätte ich aber in Paria beginnen sollen, wenn dort der Befehlshaber Ocampo, unter welchem Vor- wand es auch sein mochte, die Indios eigenmächtig bestrafte? Und welche Gewalt hatte ich über ihn? Ich mußte nach Santo Domingo, seine Abberufung zu erwirken. Denn nicht mit ei- nem Zettel des Kaisers in der Hand hätte ich einen Spanier von seinem Raube scheuchen können. Doch als ich endlich in Paria landete, war der Haß schon gesät, wo ich den Frieden pflanzen wollte; Spanier und Indios töteten einander; ein Bruder vom Orden des heiligen Franziskus beredete mich, noch einmal nach Santo Domingo zu segeln; ich gehorchte, vielleicht, weil meine Hoffnung schon vernichtet war.

Und dann«, Las Casas sah vor sich nieder, ein Schatten fiel über ihn, und er sprach so leise, als habe er keine Zuhörer, »verließ mich die Kraft. Der Sturm faßte mein Schiff und trieb mich an Santo Domingo vorüber, westwärts; ich konnte endlich Anker werfen lassen und wanderte durch die Insel nach der Hauptstadt. Unterwegs legte ich mich nieder; ich sehnte mich nach Schlaf. Nach langer Zeit wachte ich durch die Stimmen Reisender auf, die in meiner Nähe lagerten, aber mich wohl nicht gesehen hatten, denn ich lag unter einem

Busche. In dem letzten Sturme, erzählte einer, seien viele Schiffe untergegangen; auch der Priester Las Casas sei tot. Früher wäre ich auf ein solches Wort aufgesprungen; jetzt blieb ich glücklich liegen, ich ließ die Reisenden weiterwandern und lag noch immer bis gegen den Abend; es war mir, als sei ich losgesprochen worden und müßte meine Last nicht mehr tragen. In Santo Domingo erfuhr ich, daß der Stellvertreter, den ich in Paria eingesetzt hatte, mit den beiden zurückgelassenen Schiffen die Küste des mir anvertrauten Landes an Menschen, Gold und Perlen ausplünderte; ich hatte etwas Reines gewollt, aber bei der ersten Berührung mit der Welt war es unrein geworden. Allein der Glaube der Menschen, daß ich tot sei, ließ mich noch leben; ich ging durch die Straßen der Stadt, als wäre ich nicht; sah ich einen Bekannten, so schritt ich an ihm vorbei, wie ein Schatten, so daß er zweifeln mochte, ob ichs auch gewesen sei. Endlich bat ich die Brüder vom heiligen Dominikus, mich aufzunehmen; dort lebte ich in Frieden. Aber langsam wurde das Gewesene wieder mächtig; was ich gesehen hatte, konnte ich nicht mehr vergessen; ich hörte wieder die Stimme des Pedro von Córdoba, ich vernahm das Wort der Schrift. Dann bedrängte mich alles, was geschehen war zwischen meinem Volke und den Indios, seit Kolumbus seine Schiffe in den Westen gesteuert hatte; die ganze furchtbare Tragödie Spaniens und der Neuen Indien fiel mir wieder aufs Herz. In einem kleinen Kloster am Meere fing ich an, sie aufzuschreiben; ich sah Schiffe kommen und gehn, Unrecht bringen, Unrecht mit sich nehmen. Aber ich schrieb weiter an meinem Werke mit furchtbar beschwertem Herzen, um zu zeigen, wie Gottes Wille die Schicksale der Völker lenkt, wie er sich die erlauchten Könige Spaniens und unser Volk und den Ersten Admiral zu seinen Werkzeugen wählte und auf welche Weise wir zu fahnenflüchtigen Soldaten Christi geworden sind. Auch wollte ich zeigen, wie das ewige Recht über die Zeiten hinweg die Schuldigen trifft und wie die Gnade dennoch zu einer jeden Stunde erreichbar ist.

Da kam die Nachricht von dem ungeheuern Reich im Süden, in das Pizarro, ein Schüler des schändlichen Hojeda, eindrang; ich fühlte Tag und Nacht den namenlosen Jammer untergehender Völker und sah im Geiste das Bild unseres Herrn verspottet an allen Wegen; ich sah das Gebirge unserer Schuld in den Himmel wachsen, ließ mein Werk und das Kloster und begann den alten Kampf wieder, den ich werde führen müssen, solange mein Leben währt.

Ja, dies ist mein Leben gewesen und ist es noch, das Leben eines Unwürdigen und Unglücklichen. Aber dennoch glaube ich«, – die Stimme des Redenden wurde entschieden; er legte sein Bekenntnis fast im Tone der Herausforderung an seinen Gegner, ja an alle Feinde seiner Sache ab, »daß Gottes Walten in meinem Leben spürbar ist; meiner eigenen Kraft wird es auch der Doktor nicht zuschreiben wollen, daß ich das Dasein der Verbrecher – so *muß* ich die Spanier nennen, die sich Indios anbefehlen lassen und sie als Sklaven mißbrauchen – aufgab und das Kreuz ergriff. Und was wäre wohl am Leben eines Menschen und der Völker des Forschens wert, wenn nicht dieses Walten Gottes? Das hätte der Doktor erkennen müssen. Was er mir vorwirft, trifft mit vollem Recht den Bartolomé de Las Casas. Diesen habe ich nicht zu verteidigen. Ich stehe dafür, daß Gottes Stimme an die Ohren der Menschen dringt, die im Unrecht leben.

Und im Unrecht leben wir alle. Denn wer kann sagen, daß ihn die Gaben der Gottlosen nicht auf irgendeine Weise berührt und getragen hätten? Der Frevel dringt in alle Adern ein; unser Volk lebt davon, und selbst wenn wir die Altäre des Herrn und der Heiligen schmücken, so tun wirs mit erpreßtem, blutbeflecktem, von Tränen benetztem Golde. Oh, es kann ja nicht sein, daß ein König vom Unrecht weiß und es nicht abstellt! Aber die Könige wissen nichts davon. Freilich ruht das Recht nicht in der Brust der Könige, wie die italienischen Staatslehrer sagen, sondern der König ist der Hüter des Rechts; darum muß ihm recht berichtet werden, damit er in einem jeden Falle wisse, wie er zu entscheiden habe. Geschieht das nicht, so kann der König nicht sein, was er sein soll. Der erhabene König Ferdinand hat nach dem Tode der Königin Isabella im Namen unserer Herrin und Königin Johanna zu Burgos Gesetze erlassen, in denen er verfügte, daß die Indios, nachdem sie den Spaniern auf Lebenszeit zugeteilt waren, aus ihren Dörfern gerissen und nach dem Gutdünken ihrer Herren und in deren Nähe in großen Hütten zusammengedrängt werden sollten; daß man auch die Kaziken und Fürsten – deren Recht und Anspruch doch keine geringeren sind als die unserer eigenen Fürsten und Könige – wie die Untertanen aus ihren Ländern treibe.

Wie aber konnte ein König verfügen, was wider das Recht ist, kraft dessen er herrscht? Wie konnte ein König Königsrecht mißachten? Das ist geschehen, weil der edle König Ferdinand auf das schändlichste belogen worden ist von den Admiralen Bobadilla und Ovando und seinen eigenen Räten. Denn sie haben dem König vorgestellt, daß die Indios verbrecherischer Natur seien, allem Schlechten von Grund aus hingegeben und dem Glauben und der Arbeit abgeneigt; so hat der König geglaubt, sie wie verbrecherisches Volk behandeln zu müssen, und er hat darum das Gesetz zu einem Grundstein des Unrechts gemacht. Die Schuld trifft die Räte und Diener des Königs, und ich verklage sie darum und werde sie vor der Nachwelt verklagen, so weit meine Stimme reichen mag, wiewohl sie längst alle unter der Erde liegen und der Admiral Bobadilla mit all seinen Missetaten und den Goldklumpen, die er heimzubringen gedachte, in den Grund des Meeres hinabgefahren ist.«

Der Mönch wandte sich unmittelbar an die Mitglieder des Indienrates: »Seht ihr denn das Gericht nicht und seht ihr nicht, wie Gott den Sündern Land und Siege und Macht und Ruhm und Reichtum zuwirft, um sie damit zu verderben? Und hat Kolumbus nicht schon zu Lebzeiten dafür in Ketten gebüßt, daß er Menschenraub und Menschenhandel getrieben hatte? Wohl ihm, denn er war im Grunde seiner Seele ein wahrhaftiger und argloser Mann inmitten der Listigen und Rechner; und Gott erwies ihm die Gnade, ihn schon auf Erden büßen zu lassen, was er verbrochen hatte. Aber vergeßt nicht, daß er Bobadillas Ketten trug! So werden auch die schuldig, die das Gericht an den Schuldigen vollziehn.

Oh, daß es doch möglich wäre, den Königen zu einer jeden Stunde die Wahrheit zu sagen! Oh, daß doch die Stimme der Männer, denen das Geschick ihres Volkes im Herzen brennt, einen eigenen Ton hätte, so daß sie sich von allen anderen Stimmen unterschiede! Oh, daß die doch nicht schweigen müßten, die vom geheimsten Leiden wissen! Es sind ja so unbegreiflich wenige, die allein als Zeugen leben, um zu sagen, was wahr ist und in welchem Maße das Leben der Menschen der ewigen Wahrheit widerspricht. Ich habe einige heilige und tapfere Männer gesehn. Aber wohin ich kam, hörte ich die falschen Stimmen derer, die etwas wollten für ihre Aussage. Und wenn eines Königs Ohr auch geschärft ist vom Wächterdienste, wie soll er im Lärme erkennen, ob ein Mann spricht, dessen Wort sein Schicksal ist, oder ein Mann, dessen Wort seinen Kaufpreis nennt, seien es nun Amt oder Rang oder sei es auch nur die Erlaubnis, bleiben zu dürfen, was er bisher gewesen! Gelangte aber die Wahrheit an die Ohren der Könige, so wäre alles gut. Wer edlem Stamme angehört, kann sich ihr ja nicht verschließen. Und ist des Königs Herz getroffen von der Wahrheit, so muß sich sein Reich verwandeln; und einmal müssen die Geringsten und Fernsten, die unter dem Unrecht schmachten, vom Recht erreicht und befreit werden.« Der Mönch beachtete die an der Tafel Sitzenden nicht mehr; er näherte sich um einige Schritte dem Throne: »Denn«, fuhr er leidenschaftlich fort, »ich bin es lange müde, mit Gründen zu streiten. Die Gelehrsamkeit läßt sich an ein jedes Roß hängen und von ihm fortziehn. Mehr hatte ich nie zu sagen und werde ich nie sagen können als dieses eine: Wir können mit schlechten Mitteln Gutes nicht erreichen. Und unsere Mittel sind schlecht. Und wenn ich den Spiegel der Wahrheit hier emporhalten dürfte, hier, vor deinen Augen, Herr und Kaiser, so würde er tausendfach die falschen Mittel spiegeln, und es müßten alle schamrot werden, die hineinblickten.«

Der Kaiser hatte sich vorgeneigt und den letzten Teil der Rede mit verstärkter Teilnahme, aber ohne ein Zeichen der Mißbilligung angehört; nun machte er eine Geste, kaum hörbar sagte er dazu: »Sprich!«

Dieses leise Wort, das vielleicht nur dem Mönch vernehmlich war, wenngleich alle den Wunsch des Kaisers verstanden, traf Las Casas wie ein Schlag. Er bebte zurück; eine furchtbare Erschütterung durchrann seinen Körper; dann tastete er mit der Linken nach der Kante des Tisches, ergriff sie und stützte sich, tief Atem schöpfend. »Ich habe gebeten, daß ich sprechen darf von dem, was ich gesehn«, begann er, »und ich soll es tun. Ich weiß nicht, ob ich es kann. Ich habe gesehn, wie Völker untergingen.« Er schwieg lange, dann setzte er wieder an: »Wenn die Indios auf Kuba Papageien fangen wollen – von den grünen, die nur an der Stirn über dem Schnabel eine bunte Feder tragen und im Mai besser als Wachteln oder irgendein anderer Vogel schmecken –, so schicken sie einen Knaben mit einem lebenden Papageien auf einen Baum. Es braucht nur ein Knabe von zehn oder zwölf Jahren zu sein; er birgt sich in den Ästen und legt sich ein Büschel Stroh oder Gras auf das Haar; dann streicht er dem gefangenen Vogel über den Kopf, so daß dieser einen klagenden Schrei ausstößt, und alsbald schwirren die Papageien von allen Seiten heran und setzen sich auf die Zweige. Es sind deren so viel, daß der Baum zu einem einzigen Vogelhaus wird; der Knabe nimmt sachte einen dünnen Stab zur Hand, an dem eine leichte Schlinge befestigt ist, und schnellt diese dem nächsten Vogel um den Hals, zieht ihn heran, dreht ihm den Hals um und wirft ihn hinab; dann fängt er den nächsten auf die gleiche Weise, und der Schrei eines jeden zieht neue Vögel herbei, wenn deren noch Platz haben in den Ästen; und wenn der

Knabe nicht müde wird, kann er in seiner Arbeit fortfahren, bis unter dem Baume sich ein grüner Hügel von Tausenden von Vögeln auftürmt; denn die Papageien weichen nicht von dem Baume, solange sie die klagende Stimme hören.

So habe ich die Bäume der Völker angetroffen auf den Inseln und dem Festlande; es waren Bäume, die seit vielen hundert Jahren in ihrer Erde wurzelten; ihre Äste hatten sich mächtig entfaltet, und es wimmelte in ihnen von unzähligen Geschöpfen, Volksstämmen, die alle ihre eigene Stimme hatten; denn sie sollten Gott den Herrn preisen, der sie zu seiner Freude geschaffen hatte. Es waren königliche Vögel darunter, den langgeschweiften smaragdenen gleich, die vom Volk in Guatemala verehrt werden und deren Leben in der Tat auf eine geheimnisvolle Weise verbunden war mit dem Leben der Könige; denn als der letzte König gegen Almagro um sein Reich kämpfte, fiel erst der Vogel wie ein Blitz grünen Feuers tot vor ihm nieder, und dann fiel der Fürst.

Ich habe noch das ungestörte Leben erblickt in den Bäumen des großen Gartens, den unser Herr inmitten des Meeres als das Wunder aller Wunder angelegt hat. Aber dann habe ich gesehen, wie die Äste leer wurden und wie der tückische Knabe mit der Schlinge nicht aufhören konnte zu morden; ich habe Tag und Nacht und Jahr um Jahr und wo immer ich ging und stand, ob ich arbeiten oder beten, ob ich ruhen oder predigen wollte, den Klagelaut der Sterbenden und Gefangenen gehört, der die Brüder in den Tod lockte oder doch den Tod der Brüder bedeutete, bis endlich die gewaltigen Bäume leer und stumm dastanden auf Haiti und Kuba und Puerto Rico, auf den Lucayischen Inseln und in Mexiko und Darien, an der Küste von Paria und auf den Eilanden, die sie umgürten; und wie lange noch, Kaiser, dann wird auch in den uraltehrwürdigen Wäldern Neugranadas und Perus und Chiles sich kein Vogel mehr auf den Zweigen wiegen, und die fremden, wundersamen Stimmen der Völker werden nie mehr zu hören sein. Und sie sollten doch Gottes Lob verkünden bis zum Jüngsten Tage; und die Welt wird ohne sie sein wie ein Kirchturm ohne Glocke.

Aber ich habe auch die Toten unter den Bäumen gesehn, Hügel und Berge von Toten. Es waren viele tausend Kinder darunter, die auf Kuba in wenigen Jahren Hungers starben, weil ihre Eltern nicht mehr Zeit haben durften, sie zu ernähren; denn die Eltern mußten mit erstarrten Herzen das Gold aus der Erde wühlen für ihre neuen Herren. Es lagen Könige unter den Bäumen, edel wie du, aber ohne ein Zeichen ihrer geraubten Würde; Könige, denen man die Ohren abgeschnitten hatte wie gemeinen Dieben; andere, deren steife Glieder noch von Fesseln umwunden waren, und wieder andere, die samt ihrem gefangenen Volke mit dem Sklavenschiff versanken und ertranken. Es lagen Greise darunter, die man wie Kehricht vor die Haustür geworfen, weil sie nicht mehr taugten; edelgestaltete Mädchen, deren Leiber geschaffen waren, die Seelen einer Heiligen zu bewahren, und die einem spanischen Zuchthäusler gedient hatten für seine verworfene Lust. Und wie viele sterbende Frauen hielten tote Kinder an der versiegten Brust! Andere sah ich liegen, die zu schwach geworden waren zu gebären, und ich hörte Männer klagen, daß die schwere Arbeit ihnen die Zeugungskraft genommen hätte und ihre Weiber bei den Spaniern lägen, und sah, wie sie fortliefen, um sich zu erhängen. Kriegshunde sah ich, die sich satt fraßen an lebendigen Menschen. Und wieviel verkrümmte, gedunsene Leiber habe ich gefunden, die Leiber derer, die Gift verschlungen hatten, um der irdischen Hölle zu entgehn. Und wieder sah ich Kinder, die von Schwertern durchbohrt waren; die Eroberer hatten sie von den Brüsten und Rücken der Mütter gerissen, damit diese das Gepäck und den Raub der Spanier über das Gebirge schleppten. Und dann fand ich die an der Straße verendeten Träger und Trägerinnen, deren letzte Lebenskraft die Sonne aufgesogen hatte. Und ich sah die Leichen der Perlentaucher, deren Brustkorb fast zersprungen war vom angehaltenen Atem; denn die Spanier stießen sie mit Spießen und Schwertern unter das Wasser, sobald sie heraufgetaucht waren und mit klammen Händen die Muscheln ins Boot geworfen hatten. Und ihr dunkles Haar war falb geworden von dem salzigen Wasser. Das alles habe ich gesehn, und ich konnte doch nichts tun, als in die Luft ein Kreuzeszeichen machen über Bergen von Leichen.«

Las Casas wankte; er stützte sich wieder auf den Tisch, aber die Worte kamen nur noch gebrochen von seinen Lippen: »Und das alles ist doch nichts. Denn ich habe sie fluchen hören, denen ich das Evangelium der Liebe gepredigt hatte, und ratlos mit angesehn, daß Sterbende das Sakrament verweigerten, um nicht in das Paradies der Spanier zu kommen. Vor mir stürzten die Seelen der Unglücklichen in die ewige Verdammnis hinab. Und welche Schreie habe ich gehört! Die Schreie derer, die unter Peitschenhieben starben, und derer, die lebendig verbrannt wurden auf dem Kriegszug in Higuey, und derer, die in der Folter hingen. Und die Schreie sind noch nicht das Furchtbarste, viel schlimmer sind die Klagen und das Weinen und die stummen, von Tränen quellenden Augen; und das Schlimmste sind die Fragen in diesen Augen, die nicht begreifen können und emporblicken zum Himmel und suchen und nicht wissen, wer da oben wohnt. Oh, was habe ich gesehn! Ihr habt mich nach der Wahrheit gefragt; das ist die Wahrheit, und es ist sie doch noch nicht. Viel, viel Schlimmeres habe ich noch gesehn, was kein Gehirn zu denken wagt, keine Lippe nachspricht; was selbst den Teufel mit Abscheu erfüllen müßte. Oh, was habe ich gesehn!« Er sank an dem Tische nieder, die Hände vor die Augen pressend und von entsetzlichem Schluchzen geschüttelt. Zwei Brüder seines Ordens faßten ihn sanft unter den Armen und führten ihn an seinen Platz; niemand wagte zu sprechen, das Weinen füllte den Raum. Der Kaiser hatte mit tiefer Bewegtheit auf den Niedergesunkenen geblickt; nun lehnte er sich zurück, das Gesicht mit seiner Hand beschattend.

Als Karl wieder aufsah, war sein Gesicht totenbleich, wie verzehrt. Er blickte den Kardinal an; dieser erhob sich. »Niemand«, sagte er, »wird an dem tiefen christlichen Erbarmen zweifeln, das den Vater Las Casas bewegt; dürften wir allein unseren Herzen folgen, so möchten wir mit dem Vater Las Casas die Elenden trösten, die Schuldigen verklagen und eine jede andere Verpflichtung vergessen über der Barmherzigkeit. Und wir werden es seinem glühenden priesterlichen Herzen gewiß nicht verargen, daß er vielleicht auch solchen Schuld aufbürdet, die keine tragen. Wir glauben an die Wahrheit seines Leidens; wir fragen aber, ob er dieses Leiden nicht überallhin mitbringt und ob es ihn nicht verführt, im Widerspruch zur Wahrheit in den Leidenden die unschuldig Verfolgten zu sehn. Daß er ein Herz hat für die Indios, wer wollte das noch bestreiten nach dem erschütternden Auftritt, den wir erlebt haben; ob er in gleicher Weise ein Herz hat für die Spanier, wissen wir oft nicht. Wie aber, wenn er, wie einige seiner Gegner geltend machen, sein eigenes Vaterland verkennen und darum als Zeuge wider Spanien auftreten würde? Und wenn er, wie die Gegner gleichfalls behaupten, sich für die Befreiung derer einsetzte, deren Unglück nur die Folge ihrer Verbrechen und ihrer Verstocktheit ist? Der Doktor Sepulveda, der auf Grund sorgfältiger Erkundigungen während der Disputation diese Meinung vertreten hat und sie noch aufrecht erhält, billigt seinem Gegner ausdrücklich den Vorrang der Augenzeugenschaft zu; der Doktor ist ja nicht in den Neuen Indien gewesen. Aber er hat einen vertrauenswürdigen Zeugen gestellt: es ist der Hauptmann Vargas, der unserm kaiserlichen Herrn und seinen glorreichen Vorgängern in allen Breiten tapfer gedient hat und sich ebenso durch seinen Eifer wie durch seine Unbestechlichkeit ausgezeichnet hat.«

Da der Kaiser nicht widersprach, ließ der Kardinal den Hauptmann rufen, einen ernsten Mann, der festen Schrittes eintrat und den Kaiser ehrfürchtig grüßte: »Ich bin nur ein Soldat«, begann er, »und zeuge ungern gegen einen Mann, der geistliches Gewand trägt. Ich bin es auch nicht gewohnt zu sprechen; und wer gar, wie ich, aus den baskischen Bergen kommt, faßt wohl zur rechten Zeit zum Schwert; vom Wort mag er sich nichts Gutes erhoffen. Ich habe von den Schriften und Anklagen des Vaters Las Casas gehört, und sie haben mich geschmerzt. Der Vater hat als Priester die Neuen Indien durchzogen; ich habe sie als Soldat betreten unter dem Befehl meines Obern, und ich glaube, daß der Mönch uns Soldaten nicht versteht.

Wenn der große Cortez, unter dem ich eine Weile gedient habe, einem Priester begegnete, so sprang er vom Pferd und küßte ihm die Hand; er tat es aus Ehrfurcht vor dem Geweihten und um den Indios ein Beispiel zu geben, und sie sind ihm gefolgt. Als Pizarro mit dem Atabalipa Inka zum ersten Mal zusammentraf, reichte ein Mönch – er war vom Orden des Vaters Las Casas und hieß Vicente de Valverde – dem Inka ein Meßbuch und sagte, das Evangelium des Herrn sei darin enthalten. Der Inka wendete das Buch um und warf es zur Erde; aus Empörung darüber ergriffen die Spanier die Waffen, und die Indios sind nicht langsamer gewesen als sie. Damit begann der Krieg. So haben wir es gehalten; aber wo immer ich gefochten habe, sei es in Westindien oder in Mexiko oder in Neugranada, habe ich die Indios als einen höchst kriegerischen Feind erfunden, der bei Nacht noch mehr zu fürchten war als bei Tage. Weil die Nacht in den Neuen Indien viel finsterer ist als in Spanien und es dort keine Dämmerung gibt, mußten wir die Kriegshunde halten.

Der Pater mag die Indios kennen als Untertanen seines Klosters oder als Nachbarn spanischer Städte oder Arbeiter der Landbesitzer, kurzum als Unterworfene. Als solche erscheinen sie zahm und schwach und dienstwillig; als solche lassen sie auch von der abscheulichen Abgötterei nichts mehr merken, die sie getrieben haben, ehe wir kamen, und nur wer genauer auf sie achtet, wird noch ihr Zauberwesen spüren. Wäre aber der Pater wie wir, eh das Schwert den Weg gebahnt hat, mit dem Evangelienbuch in der Hand etwa auf das südliche Festland gekommen, so wäre es ihm ergangen wie den frommen Predigern, deren zu Tode gemarterte Leiber in der Gegend des Magdalenenstroms von den Wilden als Brükken über die Bäche gelegt wurden. Wir haben auf Kriegszügen in dem südlichen Festland, wenn es uns gelungen war, ein Dorf zu überraschen, menschliche Gliedmaßen in den Kochtöpfen gefunden. Wie die uns verbündeten Indios im Kriege ihre Feinde hinschlachteten und vertilgten, mag ich nicht beschreiben. Uns alten Soldaten sträubten sich die Haare; wir glaubten oft, Satan mit seinen Gehilfen am Werke zu sehn.

Niemals sagen die Indios die Wahrheit, niemals halten sie die Treue; es ist kein Laster denkbar, mit dem sie nicht behaftet sind; sie verkaufen ihre Weiber und mißbrauchen Töchter und Schwestern; Dinge, von denen ein Mann sich zu sprechen scheut, sind bei ihnen offener Brauch. Und das ist mein fester Glaube, daß Satan sie alle unter seinem Fittich gehalten und geheckt und ausgebrütet hat, bis wir Spanier kamen. Unter solchem Gezücht ist das Schwert der rechte Besen; ohne das Schwert wird die Welt nicht rein. Ich will die Mexikaner ausnehmen; sie sind lernbegierig und bildsam, und sie haben von uns Spaniern auch unter der weisen Fürsorge des großen Cortez vielerlei gelernt, wie Lesen und Schreiben, Fechten und Reiten; sie vermögen kunstreiche Bilder unserer Heiligen zu malen in ihrer Weise, und es kann einem zu Herzen gehn, wenn sie singen oder die Gitarre spielen. Darum ist es auch eine Erhebung, ihrem Gottesdienst zuzuhören; denn zur Musik haben sie eine besondere Neigung. Aber eh ich von dem Teufelsvolk zu Chile spreche, würde ich heute noch lieber eine Lanze nehmen und all diese Bestien niederstechen; Menschen sind sie nicht zu nennen. Mögen des Kaisers, meines Herrn, Waffen siegreich sein!«

Damit ging der Hauptmann. Las Casas hatte seinen Worten aufmerksam zugehört und sich anscheinend wieder völlig gefaßt. Ruhig antwortete er: »Es mag Völker geben, in denen die Dämonen hausen, und solche, in die sie zu gewissen Zeiten fahren, und ich glaube fast, wir Spanier müßten das wissen. Aber wer den Dämonen gegenübertritt mit dem Schwert, dem führen sie unversehens die Hand, und er tut, was er nicht tun wollte, und sieht, was die Dämonen wollen, daß er sehe. Denn nur mit dem Kreuz können wir ihnen begegnen, und wenn sie uns Märtyrer abfordern, so haben sie fast schon verloren. Auch lernen wir Völker nicht im Kriege kennen, sondern im Frieden; denn für den Frieden sind sie gemacht. Haben denn die Menschen schon verlernt zu schauen? Sehen Sie nicht mehr, wie Gott seine Welt geschaffen hat?«

Ein Lächeln glitt über seine Züge, die zuvor noch ein furchtbarer Gram gezeichnet hatte, ja es war, als ob ein Kind hervorschauen wolle aus dem Gesicht eines greisen Mannes: »Oft in meinen späteren Jahren, wenn die indianischen Arbeiter mir Goldklumpen zeigten, die sie unversehens in einem Felde gefunden hatten, habe ich gestaunt über das Gold. Was hat Gott wohl Schöneres erschaffen; und hat er es nicht recht zur Freude des Menschen in der Erde verborgen, damit dieser bei seiner harten Arbeit einmal überrascht und daran erinnert werde, daß der Herr aller Wunder über ihm wohnt? Wie edel und rein ist das Gold! Nur die köstlichsten Dinge sollten sich darin spiegeln, wie sich im Menschengesicht nur eine lautere Seele spiegeln sollte. Es ist so recht gemacht, um die Bilder des Herrn zu schmücken, denn es ist klar und sich selber gleich und in seinem Innersten, was es von außen ist.

Aber die Augen der Menschen erkennen das Gold nicht mehr, und je mehr sie davon aufhäufen, um so weniger wissen sie, was es ist. Können sie doch nicht einmal einen Baum anschauen, so wie Gott ihn geschaffen hat. Wie viele Spanier sind durch die gesegnete Insel Haiti gezogen und dort verdorben und gestorben! Aber wie viele ich auch fragte, keiner wußte sich an die Bäume zu erinnern, die im Süden gedeihen, wo die Küste nach Jamaika hinüberschaut. Sie tragen Früchte, die den Pfirsichen ähnlich, nur sehr viel größer sind, gleich den Kugeln, mit denen in Spanien die Männer spielen; aber das Wunderbarste ist der Baum selbst; denn er ist hoch und gewaltig und lebt und webt in sich selber, umhüllt von seinem Duft, und jeder Baum ist eine Welt. Die großen und kleinen Äste erheben sich wie Kreuze, und auch die Blätter stehen wie Kreuze zueinander; sie sind breit wie Handflächen und wie Herzen geformt und fest und glatt und von schönem dunklem Grün. Die Menschen sehen den Baum nicht, so wenig wie die Vögel, die doch auf einer jeden Insel ihre besondere Farbe haben und im hohen Gebirge einander locken und antworten und deren Rufe sich so schön und klar zusammenfinden, als ob sie mit drei Stimmen sängen.

Aber wer mit dem Schwert diese Welt betritt, der sieht sie nicht; er hat Gottes Welt schon verloren. Und was soll der bezeugen? Und wie kommt es, daß er mit allem, was er sagt, mir doch meine furchtbare Not nicht nimmt? Diese Not rührt daher, daß ich täglich fühle, wie Gottes Welt verdorben wird, weil falsche Gedanken in den Menschen wohnen und sie zu unfrommen Taten zwingen. Denn mit den Schwertern ihres Machtverlangens und den Grabhacken ihrer Gier zerschlagen sie den Spiegel im Menschen, in dem Gottes Antlitz steht; wer aber kann den Mißhandelten, in dem der Spiegel zertrümmert ist, noch einen Menschen nennen? Er ist Satans Gehäuse. Denn wo Gott flieht, da zieht Satan ein. Aber das Gewissen, das unter dem Gesetz der Wahrheit steht, zeugt wider sie und ihr Tun. Auf meiner letzten Reise nach Spanien traf ich einen Ritter aus dieser Stadt, Bernardino de Lares; er kehrte nach vielen Jahrzehnten heim aus den Indien, krank von einem giftigen Pfeile und krank an seiner Seele, wie unser ganzes Volk es ist. Er ist sehr krank, aber er hat sich mir als Zeugen angeboten, ohne daß ich ihn dazu nötigte; ich weiß nicht, was er aussagen wird. Da meine Gegner denken, mein Herz verfälsche mir die Wahrheit, so darf ich vielleicht einen Zeugen stellen, wie der Doktor es getan; auf Erden kann der Ritter kaum mehr eine Gunst oder eine Strafe erfahren, und darum gilt vielleicht sein Wort.«

Auf ein Nicken des Kaisers führte Las Casas gemeinsam mit dem alten Diener den Ritter Bernardino de Lares in den Saal; er grüßte den Kaiser und ließ sich in einem Stuhl nieder, den die beiden Dominikaner herbeischoben. »Du hast dich erboten, mir beizustehen«, redete ihn Las Casas an, »und ich danke dir für dein großes Opfer. Du kennst meine Sache und kennst ihre Gegner. Heute vielleicht soll endgültig über sie entschieden werden. Ich habe gesagt, was ich konnte, und meine Gegner haben es getan; doch sind wir nicht einig geworden über Recht und Unrecht. Das Recht bedarf keines menschlichen Zeugnisses; es ruht über dem Menschen, nicht in ihm. Aber wenn die Menschen uneins sind, so können sie ihr Gewissen um Rat fragen; und wenn sie es ohne Haß und Eifer tun, so wird ihr Gewissen ihnen helfen. Und wenn du vor dem ewigen Richter stündest, was würdest du dann aussagen über das Leben der Spanier in den Neuen Indien?«

»Meine Zeit läuft ab«, antwortete Bernardino, »und es ist so, wie der Vater Las Casas sagt, ich habe Menschen nicht mehr zu fürchten. Doch erst wenn diese Furcht in uns gestorben ist, lernen wir die Furcht des Herrn. Ich habe in den Neuen Indien gelebt wie fast alle Spanier; müßte ich mich vor einem spanischen Gericht verantworten, sei es hier oder jenseits des Meeres, so würde ich wohl ohne Strafe ausgehen; denn ich könnte mich für meine Taten auf Kriegsrecht berufen und fände Glauben. Aber was soll ich tun, wenn an des irdischen Richters Stelle der Engel mit dem Schwerte tritt?« Bernardino rang nach Worten, während im Saal eine drückende Stille herrschte; dann brach dieses Bekenntnis aus ihm hervor: »Aus meinem ganzen Herzen bereue ich mein Leben; es ist ein verfehltes Leben gewesen, und alles Gut, das ich drüben erworben habe, ist unrechtes Gut. Wohl bin ich in eine Welt eingetreten, die verfinstert war; aber Gott hat mich gewarnt, und mein Gewissen hat es getan, und ich bin ihnen nicht gefolgt. Wir sind mit Menschen umgegangen, als seien sie da zu unserm Nutzen und zur Sättigung unserer Gier, geschaffen, uns

oder Spanien zu dienen; und wenn wir auch an Spanien ge-
dacht hätten, was wäre dadurch besser geworden? Haben wir
doch Gottes edelstes Eigentum, die Seelen der Menschen, mißachtet. Und so haben wir Tag für Tag uns hundertfach versündigt; denn wir lebten auf falschem Grund. So bin ich des
Teufels geworden und habe Verbrechen begangen, die ich
selbst nicht mehr begreife; was sollte uns nicht gehören, da wir
glaubten, die Menschen seien unser Besitz?« – Er schwieg, dann
begann er noch einmal: »Ich schwöre mein Leben ab und mein
Gut; der Vater Las Casas mag es zum Heile derer verwenden,
denen ich es geraubt habe. Wolle Gott meine Bürde erleichtern,
wenn ich den Weg antreten muß zu ihm! Wer noch zweifelt
an dem Vater Las Casas, der mag ihn im Gebete Gott dem
Herrn vorstellen; im Gebet erkennen wir den gottesfürchtigen
Mann, und dem sollen wir folgen. Und da ich gute Taten nicht
zu hinterlassen habe, so mag meine Schuld fruchten; vielleicht
ist unser Übermaß an Schuld auch unsere letzte Hoffnung.«
Damit suchte er sich zu erheben; Las Casas schien von seiner
Aussage kaum weniger betroffen worden zu sein als die übrigen
und dankte ihm bewegt; dann führten ihn die Mönche hinaus.
»Um die Seele dieses Mannes«, sagte Las Casas, »habe ich
lange Wochen gerungen, und es ist mir dabei manchmal ge-
wesen, als ob es die Seele unseres Volkes sei, die edel war in
ihrem Ursprunge, aber getrübt wurde von den Gewalten. Der
Kardinal sprach vorhin von der Meinung, daß ich nur ein
Herz für die Indios, nicht für die Spanier hätte; und in der
Tat nennen mich jene ihren Vater und diese ihren Feind. Und
doch kann ich vor Gott dem Herrn versichern, daß nichts mir
schwereren Kummer bereitet als das Schicksal meines eigenen
Volkes. Denn die auf Erden unschuldig leiden, können sich der
Barmherzigkeit Gottes getrösten; und selbst, wenn sie nicht
wahre Christen wurden oder sich wieder abkehren vom Kreuze, weil es das Zeichen der Spanier war, so ist vielleicht doch
eine Hoffnung, daß Er in seiner unerforschlichen Güte ihrer
manche annehmen wird. Aber wir?

Auf uns fallen alle Flüche, die unter Todesqualen wider unsern Herrn ausgestoßen worden sind. Auf uns fällt die Not der Seelen, die gefangen sind in einem sündigen Leben und unabwendbar der Verdammnis überantwortet werden.« Der Mönch wandte sich unmittelbar an den Kaiser: »Daß deines Volkes Seele verdirbt, erhabener kaiserlicher Herr, das ist es, was mich nicht schweigen läßt. Laß alles ungesagt und hinfällig sein, was ich vorgebracht habe, verwirf meine Gründe und Beweise und Zeugen, nur dieses eine nicht: daß wir zu einer jeden Stunde vor der Ewigkeit stehen und daß der Herr auf uns herabschaut in diesem Augenblick. Du bist kein Priester, wie ich Unwürdiger es bin, und kennst diese letzte Not um die verlorengehenden Seelen vielleicht nicht, aber auch du bist zum Statthalter über die Seelen gesetzt wie deine Vorfahren und mußt sie mit deinem mächtigen Arm schützen als Gottes Eigentum. Dein Volk soll ja nicht auf Erden, sondern es soll in Ewigkeit leben, und für diese Ewigkeit trägst du die Verantwortung in der Macht und den Grenzen deines Amtes.«

Las Casas näherte sich dem Throne. »Herr, dein Volk ist krank, laß es gesunden. Zerbrich das Unrecht, in dem es erstickt. Und was es immer kosten wolle, zögere nicht; denn das will Gott von dir. Vielleicht ist jetzt die Stunde da, da Gott ein sehr großes Opfer von dir fordert; bringe es, Herr; frage nicht, wie die Welt es dir entgelten wird und ob deine Feinde es sich zunutze machen, sondern vertraue auf Gott. Wir kennen seine Wege nicht; wir kennen nur sein Gesetz; dem müssen wir uns beugen. Und was den Menschen als Torheit erscheint, das ist vielleicht die letzte Weisheit. Du fürchtest die Folgen, Herr, wenn du das Unrecht ausrottest und das Recht wieder herstellst; fürchte sie nicht, vertraue nur und stütze dich auf das Gebet. Wir werden nicht aufhören zu beten; und wenn dein Volk wieder gesund wird, hast du dann nicht Gewinnes genug? Gib die Indios frei; setze ihre Fürsten wieder ein, deren Rechte ehrwürdig sind wie die deinen; laß dein Volk erkennen, daß sie Gottes Ebenbild sind und Achtung verdienen! Das soll deine Tat sein, und sie wird nicht vergessen werden und dir und Spanien ewigen Ruhm bringen; *jetzt* mußt du es tun und zeigen, daß du allein Gottes, nicht der Menschen und deines Reiches Diener bist und ein König, weil dein Sinn höher ist als der anderer Menschen. Frage niemanden, frage nur dich selbst; frage dein Leiden und deine Sorge und deine Not; frage deine Liebe und dein Gewissen. Menschenstimmen können dir nicht antworten; aber wenn du lauschen willst, Herr, so vernimmst du vielleicht die Stimme des Lenkers der Geschichte, der dich und deine Krone und dein Land in diesem Augenblick als Werkzeug gebrauchen und sein Reich ausbreiten will durch dich.«

Karl beugte sich vor, von der Stimme des Mönches ergriffen und wie geneigt, ihr nachzugeben. Da erhob sich Sepulveda im Rücken des Mönches: »Herr, wenn die Stimme der Notwendigkeit, der Fürsten und Völker unterworfen sind, ein Recht hat, dich zu warnen, so in diesem Augenblick. Sie verzeiht es niemals, wenn sie mißachtet wurde. Höre nicht auf den Träumer; er zerstört dein Reich!« »Wie willst du«, rief der Bischof von Burgos, der die letzte Rede des Las Casas mit kaum noch beherrschter Erbitterung angehört hatte, »dem Herrn dienen mit zertrümmerter Macht? Was soll ein zerbrochenes Werkzeug in Gottes Hand? Vergiß nicht, daß die Welt sich dir unterwerfen muß und du ihre Ordnung wieder herstellen wirst, wenn du fest bleibst. Das ist dein Auftrag!« Las Casas schien die Stimmen in seinem Rücken nicht zu vernehmen; er blickte unverwandt auf den Kaiser; höchste Erwartung lag auf seinem Gesicht. »Es ist die Stunde Spaniens«, sagte er leise; und er wiederholte nach einer langen Pause diese Worte, mit dem Untertone unterdrückten Schluchzens, der Ankündigung einer ungeheuren Enttäuschung.

Aber der Kaiser schwieg, und nun brach mit einem Male die alte Leidenschaft aus Las Casas hervor, mit der er in den Augenblicken höchster Erregung Sepulveda geantwortet hatte; doch wie zuvor seine letzten Bitten richtete sie sich unmittelbar an den Monarchen. »Was gehört denn«, fragte er, »von Rechts wegen der spanischen Krone in den Neuen Indien? Nichts als ein Auftrag. Darum hat der Papst den Königen Kastiliens die Länder jenseits des Meeres anvertraut, daß sie dort Christen erweckten und die alten Ordnungen Indiens mit dem neuen Leben christlichen Glaubens erfüllten, aber nicht, daß sie diese Ordnungen umstürzten und austilgten. Die Völker Indiens unterstehen ihren Königen und Kaziken; keine Muschel im Meere, kein Körnchen Goldes, keine Frucht der Bäume und Felder ist unser; nicht ein Real ist unser Eigentum.

Christus, der Herr, wollte die Länder jenseits des Meeres betreten; und er hat unsere Schiffe des Fährdienstes gewürdigt; des Herrn Schiffsleute und des Herrn Apostel sollten wir sein, und aus den Fährschiffen haben wir Kaufschiffe und Piratenflotten gemacht und aus den Aposteln Mordbrenner und Räuber. Oh, wie hätten wir uns dieses Dienstes rühmen können, wenn wir ihn verstanden hätten! Nicht nehmen sollten wir, sondern bringen: das war nach Gottes Ratschluß unsere Aufgabe. Und wir haben gefragt, was uns die Schiffe kosten und was es kostet, Kirchen und Kreuze zu errichten! Denn so rechtfertigen ja unsere gelehrten Doktoren unsern Raub: zum Apostelamte, meinten sie, bedarf es der Mittel, und diese Mittel müßten die Indios liefern. Was hättest du Besseres tun können, als Spaniens Schätze hinüberzutragen? Und wenn Spanien arm geworden wäre über der Erfüllung seiner Aufgabe: welche stolzere Armut könnte es wohl geben?

Aber«, fuhr er in schwermütigem Tone fort, »die Schuld ist schon zu einem Teile unseres Lebens geworden, alle Warnungen sind vergeblich, Spanien hat seine Stunde verkannt, und die noch von Gottes Auftrag wissen, gehen als Narren hin, beladen mit aller Not der Welt. Oh, daß mich Gott doch fortnähme, daß ich nicht mehr zeugen müßte für ihn! Daß er mich doch mit der letzten Einsicht nicht geschlagen hätte und ich das letzte Wort nicht sagen müßte! Und doch«, rief er, sich aufrichtend und an den ganzen Saal sich wendend, »ist es wahr, daß das Gericht kommen wird über dieses Land! Denn wer den größten Auftrag verfehlt, der verfällt auch der schwersten Schuld. Und darum wird Gottes Zorn auf dieses Land fallen, er wird seine Macht zerschlagen und sein Zepter erniedrigen und ihm Inseln und Reiche nehmen; und wenn die Menschen sich aufrichten aus den Trümmern und den Herrn anklagen und fragen, warum er dieses Unheil über das Land gebracht habe, so werde ich mich erheben aus dem Grabe und für Gottes Gerechtigkeit zeugen. Dann werde ich den Fragern antworten: Gott hat eure Väter für einen Dienst erlesen, und sie haben ihn nicht verstanden; sie hätten dem Heiligen gleich den Herrn durch das Meer tragen sollen auf ihren Schultern und haben statt seiner den Satan getragen. Darum tut Gott recht, wenn er dieses Landes Ansehen vernichtet. Für ungeheure Verbrechen erfolgt nun die ungeheure Strafe.«

Las Casas hatte, ganz hingegeben an den Geist seiner Worte, diese letzten Sätze noch nicht vollendet, als der Kaiser mit geballter Faust in äußerstem Zorne aufsprang, um den Saal zu verlassen. Geistliche und Gelehrte erhoben sich hastig, ihn zu grüßen, der Kardinal war bestürzt, der Bischof von Segovia tief niedergeschlagen, der Bischof von Burgos triumphierte. Entrüstung, die sich mit einer gewissen Genugtuung mischte, lag auf den Zügen der meisten übrigen; sie gingen zur Tür, die hinter dem Monarchen offen geblieben war. Erst als Sepulveda mit dem Ausdruck strafenden Zornes an Las Casas vorüberschritt, schien dieser aus seinem Fortgerissensein zu erwachen; er strich sich seufzend über die Stirn und sah sich um, aber in diesem Augenblick gingen auch die Dominikaner, die mit verzweifelten Mienen nahe der Tür stehengeblieben waren, aus dem Saal.

Der Mönch stürzte sich auf den Tisch und schleppte sich, wie wenn er plötzlich um Jahrzehnte gealtert wäre, an seinen Platz zurück, um sich niederzusetzen; wieder, wie vor Beginn der Disputation, lehnte er die Stirn an die gefalteten

Hände, und so verharrte er, nach langem Stummsein immer insbrünstigere Gebete flüsternd, als wolle er den offenbar verlorenen Kampf mit der Aufbietung der innersten Kräfte noch einmal aufnehmen.

VIERTES KAPITEL

In den folgenden Tagen wich Comacho nicht von seinem Herrn. Er begleitete ihn wieder auf den verschiedenen Gängen durch die Stadt, die er in Sachen des Ritters zu tun hatte; er schmiegte sich an ihn im Kollegium San Gregorio, wenn die Brüder mit unverkennbarem Vorwurf auf Las Casas schauten. So saßen der greise Mönch und sein Begleiter zuweilen in einer Fensternische des Kreuzgangs, unbekümmert um den Weg, den der Pfeilerschatten zu ihren Füßen zurücklegte, unbekümmert auch um das Aufklatschen des in die Brunnentiefe hinabgelassenen Wassereimers, um das Gehen und Kommen der dienenden Brüder. Der Vater möge sich nicht zu Tode grämen um seiner Stammesbrüder willen, sagte Comacho, schwermütig aufblickend, und statt dessen aus diesem Lande, wo man ihn nicht verstehe, lieber wieder heimkehren auf die Inseln; es sei ja genug, daß er da sei für die Indios und ihre Kinder um sich versammle und sie segne. Dann würden sie das Elend, das Gott über sie verhängt habe, auch ertragen. Sie seien es längst gewöhnt, zu leiden, und beklagten sich auch nicht, wenn sie nur einen Tröster hätten.

Um sich besser verständlich zu machen, erzählte Comacho, der sich nur in Bildern recht auszudrücken wußte, was er entweder in seiner Heimat oder von Indios des Festlandes gehört hatte von dem Glauben festländischer Völker. Das Sonnenfeuer, so glaubten diese, sei dadurch entzündet worden, daß ein kranker Gott sich auf den Feuerherd der Götter stürzte; ihm folgte ein anderer, dann auch der Adler, der sich mit schwarzbraunem Gefieder wieder erhob, und endlich der Jaguar, dessen Fell nur noch versengt und gesprenkelt wurde. Und die Sonne ernährte sich vom Blut aus Menschenherzen, darum mußten die Völker in den Krieg ziehen, um Menschen zu fangen, die sie opfern konnten. Vom Leiden, wollte Comacho wohl mit seinen Erinnerungen und Gesten sagen, stamme alles Leben her, und vom Opfer werde es unterhalten; und dieser Gedanke sei allen Völkern des Westens eigen, und darum fänden sie sich mit ihrem Schicksal ab. »Ich verstehe dich wohl«, sagte Las Casas seufzend, »der Leidende kann Gott nicht ganz ferne sein, und ihr waret ihm auch nicht fern, selbst als ihr zu Mond und Sonne gebetet habt. Gott hat euch an der Hand gehalten vor der verschlossenen Tür, bis er sie öffnen ließ. Aber was ist mit denen, die das Leiden bereiten?«

Seine einzige Freude schien es zu sein, auf der Spur, die Bernardino ihm gewiesen hatte, nach dessen Sohn zu forschen; er sprach lange mit der Vorsteherin des Klosters der Barfüßerinnen, doch beschränkte er sich dem Ritter gegenüber, auf dessen Lippen stets dieselbe Frage an den Eintretenden zu liegen schien, auf Andeutungen. Bernardino trug das Bettlergewand, aber nicht wie früher leuchtete das Gold des Rittergewamses darunter hervor. »Ich mußte«, sagte er, »einmal noch die Tracht meines früheren Daseins anlegen, um diesem vor aller Welt zu entsagen; nun bin ich ein echter Bettler geworden, und als solcher hoffe ich von der Erde zu gehn. Es ist mir nie so wohl gewesen neben meinem Schatz, als jetzt, da er mir nicht mehr gehört.« Er erzählte, wie er, noch während er sich in den Palast hatte tragen lassen, nur entschlossen war, das Treiben der Spanier in den Neuen Indien anzuklagen, aber sich zum Verzicht noch nicht überwunden hatte. Erst in der langen Wartezeit sei es ihm klar geworden, daß die beste Aussage eine Tat sei und diese von ihm zur Sühne gefordert werde; auch daß er seine Schuld noch vermehre, wenn er einen andern und gar den eigenen Sohn durch sein Testament zum rechtmäßigen Besitzer eines Gutes mache, auf das er kein wahres Recht habe.

»Es wäre wohl alles gut gegangen«, sagte Las Casas, »wenn mein alter Zorn und meine Heftigkeit mich nicht ins Verderben gerissen hätten. Der Kaiser stimmte mir zu, das fühlte ich wohl; aber ich hoffärtiger Tor glaubte, er müsse vor dem gesamten Rate sich für mich erklären, obgleich ich es doch wohl wußte, daß er fast niemals öffentlich spricht, geschweige denn Entschlüsse faßt und selbst verkündet. Habe ich meine Sache vergessen? Wollte ich siegen und meinen Gegner, der mir im Rücken zischelte, besiegt sehen? Denn als der Kaiser schwieg, riß mich der Zorn fort, und ich kündigte Gericht und Untergang an, die ich freilich schon mehr als einmal unter kalten Schauern habe kommen sehen und an die ich glaube. Aber warum mußte ich das sagen? Ich wollte sein Gewissen treffen, und ich habe den Cäsar in ihm getroffen, und das wird er mir nicht verzeihen. So habe ich meine eigene Sache und nicht nur die meine, zugrunde gerichtet, weil ich der Hitzkopf geblieben bin, der ich von Jugend auf war.«

Freilich war, wie Las Casas ein anderes Mal erzählte, eine Entscheidung des Kaisers noch nicht bekannt geworden, auch über die mancherlei geheimen Beratungen, die der Disputation vorausgegangen waren; über andere, die möglicherweise noch im Gange waren, wußte man nichts. Dann berichtete der Diener, der den Bruder seines Herrn um so treuer umsorgte, je weniger Hoffnung auf seine Genesung bestand, der Kaiser sei am späten Abend im verschlossenen Wagen nach Tordesillas gefahren zu seiner Mutter. »Es muß ein schwerer Weg sein«, fuhr der Alte fort, der sich zu Füßen des Kranken niedersetzte, »die Diener wissen es von den Hofleuten, daß der Herr meist in tiefster Traurigkeit von Tordesillas zurückkehrt und sich danach lange eingeschlossen hält und mit niemandem sprechen will, fast als wolle er leben wie seine unglückliche Mutter in ihrem traurigen Schloß. Ich habe Verwandte in einem Dorfe, nicht weit von Tordesillas, so bin ich

manches Mal vorübergekommen, und sobald ich das enge
Schloß auf dem kahlen Ufer über dem Duero sah und dane-
ben die Grabkirche des Don Philipp, des Vaters unseres
Herrn, um dessentwillen die Königin, wie es heißt, wahnsin-
nig geworden ist, drückte es mir aufs Herz.

Kam ich abends, so sah ich in den Fenstern der Königin kaum
ein Licht; es heißt ja auch, daß sie in einem fensterlosen
Raume im Innern wohne und dort die Zeit hinbringe mit Klagen um ihren toten Gemahl; die Frauen des Hofes und selbst
die Mägde fürchten sich, ihr zu begegnen; denn oft breche
derselbe Haß noch aus ihr hervor, den sie einst gegen die schö-
nen flämischen Hoffräulein des Don Philipp empfunden hat.
Manch einer will sie gesehen haben, wie sie bleichen, verstörten Gesichts vorüberkommenden Soldaten zuwinkte, als wolle
sie befreit werden; viele Toren glaubten ja lange, daß ihr wi-
derrechtlich Gewalt angetan würde und sie die wahre Herrin
Spaniens sei. Und als sich vor zwanzig Jahren die Städte in
ihrer Verblendung gegen den jungen Kaiser erhoben – auch
hier in Valladolid kochte und brodelte es auf allen Straßen
und in den Häusern, und die Aufständischen rissen die Gewalt an sich –, da zogen sie hinaus, nahmen das Schloß und
beugten die Knie vor der erschrockenen Königin und baten
sie, daß sie ihr Land regiere und von den Flämischen frei mache. Die Königin wollte die Aufständischen auch annehmen,
vielleicht weil sie nicht verstand, daß die Städter die Waffen
gegen ihren Sohn erhoben hatten; doch dann war sie zu keiner
Unterschrift zu bewegen, wie kniefällig die Aufrührer auch
baten; denn die königliche Unterschrift, meinten sie, würde
sie ins Recht setzen. Damals sollen die Rebellen versucht haben, die Fürstin zu zwingen; in ihrer Wut und Bedrängnis
schlossen sie die edle Frau ein und verweigerten ihr Speise
und Trank; aber das brach ihren Sinn nicht. Endlich brachten
die Ritter ein Heer gegen die Aufständischen auf, und die
früher am lautesten den geraden Sinn der gefangenen Königin
gepriesen und alles Heil von ihr verheißen hatten, mußten sie

nun für krank erklären, wie es der König Ferdinand und der Kaiser längst in ihrem Schmerze getan hatten.

Aber furchtbar zu denken ist es doch, daß ein gekröntes Haupt auf diese Weise verdunkelt ist, daß die Gesetze noch immer in der Königin Namen erlassen werden und des Kaisers Macht nur geliehen ist von solchem Elend. Wer mag wissen, wie sie einander begegnen; wie er das Haupt vor ihr beugt; ob sie ihn versteht oder verkennt? Und seltsam ist es auch, daß den Herrn das Andenken an die Mutter, die für die Welt doch tot ist, niemals verläßt. Manche sagen, er höre in der Nacht ihre Stimme. Er kommt fast nie durch Valladolid, ohne zu ihr hinauszufahren, und die Hofleute und das Volk werden nicht müde, davon zu sprechen und zu fragen, was der Herr und die kranke Frau wohl einander vertrauen könnten. Dann brennen die Lichter im mittleren Saal. Ob sie einander wohl stumm gegenübersitzen? Der Sinn der Königin werde immer dunkler, heißt es; sie sehe greuliche Tiere, die ihrer Eltern Seelen verspeisten.«

»Wer kennt die Prüfungen der Könige?« fragte Las Casas; »der Herr hat vielerlei Weisen, sie zu erinnern, daß sie Schatten sind. Solange der Kaiser herrscht, lebt die Mutter neben ihm, von deren Haupt seine Krone genommen wurde, als ob er nie vergessen sollte, daß die Krone nicht sein ist.« Bitter fügte er hinzu: »Freilich kommt nicht ein jeder gelegen, der ihm sagt, daß seine Herrlichkeit nur wie seines Mantels Tuch ist, ein Kleid, das Gott ihm gereicht hat, damit er den König darstelle auf Erden.« — »Nun stehst du tiefer in der Welt als ich, Vater Las Casas«, sagte der Kranke lächelnd, »ich sehe dich inmitten des Volkshaufens auf der Straße schelten und zürnen, während ich eben aus dem Tore trete; und fast könnte ich, der ich so viel Belehrung durch dich erfahren habe, nun dich belehren, wie du weltlichen Groll bezähmen sollst. Aber diejenigen, die dem Tore nah sind, erkennen einander; auch der Kaiser ist es; und vielleicht wird er sich deiner doch noch erinnern.«

130

Bernardino schickte sich an, durch das Tor zu gehen. Am nächsten Tage bat er um das Sakrament; Las Casas ging, den Herrn zu geleiten, und öffnete nach einiger Zeit einem jungen Priester die Tür, auf dessen gesenktem Gesicht der Widerschein des Heiligsten lag. Der Kranke wagte nicht aufzusehen. Als Las Casas sich zu ihm niederbeugte und ihm zuflüsterte: »Es ist dein Sohn, der deinen höchsten Wunsch erfüllt; ich habe ihn gefunden«, da schien die letzte und reinste irdische Freude Bernardinos überzuwallen in die weit mächtigere himmlische Freude. Noch immer blickte er nicht auf; er sprach das Bekenntnis, daß er nicht würdig sei der Einkehr des Herrn unter der ganzen Last seines vergangenen Lebens; aber als er das dritte Mal um das Wort des Erbarmens gebeten hatte, unter dem auch die Seele des Unwürdigsten gesundet, war dieses Lebens letzter Bann gebrochen, und das Licht, das die Kammer erfüllte, ging auf ihn über.

Noch blieben dem Sterbenden ein paar Stunden, in denen er sich der reinen Züge seines Sohnes freuen konnte. Las Casas erzählte, wie der Knabe unter geistlicher Führung aufgewachsen war; wie die verworrene Kunde von dem verbrecherischen Leben des Vaters, der bittre, aber nicht friedlose Tod der Mutter für ihn die Wegbereiter seiner Berufung geworden waren. »Er ist einer deiner verborgenen Fürsprecher gewesen«, sagte Las Casas, »und niemand weiß, wieviel er deren hat. Aus aller Schuld kann Gnade werden; vielleicht ist darum so viel Schuld in der Welt.«

Wohl kamen wieder Augenblicke, in denen der Kranke durch den Dämmer der sich früh verdunkelnden Kammer die Schatten der Gewesenen hasten sah: Hojedas, der auf vergeblicher Jagd nach irdischer Habe vor einem Baume auf die Knie sank, aber nicht, um die Gottesmutter anzuflehen, sondern um zu einem Goldklumpen zu beten; und auch die Toten des festländischen Königspalastes schienen noch einmal aufzuwirbeln aus der Asche ihres Hauses. Doch das Licht kehrte wieder, sobald der Sohn dem Vater die Hand auf die Stirn legte; dann sprachen sie davon, wie das indianische Gold zurückgebracht und zum Bau nötiger Gotteshäuser und Schulen verwendet, wie es der Ausbreitung des Kreuzes dienen sollte. »Ein Recht«, begann der junge Priester zögernd, »möchte ich nun doch geltend machen auf deine Schätze, Vater. Ich möchte sie, wenn das die Obern erlauben würden, so gern selbst hinübertragen; und ich würde gerne an den Orten beten, wo deine Seele verwundet worden ist. Vielleicht nimmt der Vater Las Casas einen Gehilfen an; denn es zieht mich mit aller Macht über das Meer in das Unbekannte, so wie es dich einst gezogen haben mag. Alle deine Wege möchte ich beschreiten unter Gottes Schutz, viele Geschlechter werden sie noch gehen müssen, bis der Segen neben ihnen aufblüht und die Geister, mit denen wir streiten sollen, überwunden sind. Und so würde ich doch dein Erbe werden, wie du es dir immer gewünscht hast.« »Deine Hände sind rein«, antwortete der Ritter dankbar, »in ihnen wird das Gold wieder rein und zu einer wohltätigen Gabe werden. Warum wäre es uns wohl auch gegeben worden, als weil wir seine und unsere Reinheit bewahren oder wiederherstellen sollen?«

Darauf bat der Sterbende den alten Diener, daß er seinen Herrn hole, und als dieser bewegt am Lager des Bruders stand, reichte ihm Bernardino die Hand: »Ich hatte kein Recht, jene eitle und törichte Probe zu machen, und dann hätte ich es dir auch nicht so schwer machen sollen, wieder umzukehren oder mich aufzufinden. Ich hätte wiederkommen sollen, das zweite Mal hättest du mich umarmt. Unsere erste Gebärde ist ja nicht immer unsere eigenste; in ihr handelt oft ein Fremder; erst die zweite oder die dritte gehört uns, und wieviel mehr die letzte!« Der Ältere wollte schluchzend um Verzeihung bitten. »Laß nur«, sagte Bernardino, ihm übers Haar streichend, »es wird alles, alles gut, wenn der große furchtbare Traum zu Ende ist.« Durch ein Zeichen bat er Las Casas, daß er ihm das kleine Holzkreuz von der Wand reiche, und im selben Augenblick, da er es ergriff, wurde im fernen Getöse

der Stadt und dem schwermütigen Gesang der Kathedrale
eine schwache Glockenstimme vernehmlich, die sich in unmittelbarer Nähe, aus dem Schutt des Armenviertels, erhob und
erst schwieg, als der Mann im Bettlerkleide verschieden war.

An demselben kalten Abend noch, an dem das seltsame Gefolge – der Edelmann, der Mönch und der junge Priester, der
frierende Comacho und der alte Diener – vom Grabe Bernardinos gegangen war, empfing Las Casas den Auftrag, vor
dem Kaiser zu erscheinen; der Herrscher sei, berichtete der
Bote, diesen Abend aus Tordesillas zurückgekehrt, er erwarte
den Mönch zu später Nachtstunde.
Auf dem Platze vor dem schon dunklen Palast stand ein fürst-
licher Wagen; Diener in reichgestickter, mit Wappen besetz-
ter Gewandung bildeten, Fackeln haltend, eine Gasse vom
Tor zum Wagenschlag. Las Casas trat heran und fragte, ob
er das Wappen des Cortez, des Marqués des Tales von Oaxa-
ca, recht erkenne; aber der Gefragte wagte nicht zu antworten,
denn in diesem Augenblick trat der Marqués in sehr vornehmer, von wenigen erlesenen Edelsteinen blitzender Kleidung
und Kopfbedeckung aus dem hochgewölbten Portal. Müdigkeit beugte den Stolz seiner Haltung; er hob das von tiefen
Falten durchschnittene bärtige Gesicht, dessen Blässe der
Feuerschein nur flüchtig rötete, und schien erschrocken den
hinter den Fackelträgern stehenden Mönch zu erkennen, aber
dann strich er sich über die Stirn, als ob er einen Gedanken
verscheuchen wolle; seufzend, die beringte Hand aufstüt-
zend, hob er sich in den Wagen. Der Mönch blieb unbeweglich
stehn und sah dem vielspännigen Gefährt nach; schweigend,
gleich einem Totengeleite bewegte er sich, gefolgt von den
Fackelträgern, über den Platz und in die Gasse, deren Häuser
hell wurden und wieder erloschen.
Nur die Wachen regten sich in dem weitläufigen Bau, als Las
Casas Einlaß begehrte; Schweigen und Finsternis, die auf den
Treppen und in den Gängen lagen, saugten Schritt und Licht-

133

schein auf, sobald sie vorüber waren. Die vor den Zimmern des Prinzen Philipp harrende Wache hob sich mit funkelnder Waffe wie ein Standbild aus dem Dunkel, in dem sie gleich darauf wieder versank; durch ein weites Gemach, auf dessen Tischen Akten und Briefe schimmerten, erreichte Las Casas die Schwelle eines kleinen, an der ihn sein Geleitsmann verließ. Auf dem schweren Vorhang, der das Fenster verhüllte, spielte der Widerschein des Kaminfeuers müde mit den herabsinkenden Schatten; gegenüber saß der Kaiser am Feuer, in seinen Pelz gehüllt, neben einem kleinen Tische, auf dem ein abgegriffenes Buch und eine Brille lagen.

Der Monarch wies stumm auf einen Sessel neben dem seinen; es kostete ihn offenbar Mühe, einen Anfang zu machen und aus seinem Schweigen hervorzutreten. Erschrocken sah Las Casas, wie die Gestalt des Kaisers unter der weiten Hülle fast entschwand, auch das Antlitz mit seinen überscharfen Linien war leichenhaft fahl. »Ich habe alles, was du gesagt hast, lange überdacht«, begann der Kaiser mit einer Stimme, die wie ein lange nicht gebrauchtes Instrument ihre Klangfarbe nur mühsam zurückgewann. »Du gehörst nicht zu denen, die in der Kutte herrschen wollen oder ein Prophetenamt ergreifen, um über die Könige zu gebieten. Soweit ich dein Leben überschaue, hast du es dir nicht deinetwegen schwer gemacht; es ist das Leben eines wahrhaftigen Mannes. Nicht die Irrtümer haben wir ja zu fürchten, sondern die Lüge. Nun glaube ich, daß eine Stimme wie die deine sich nicht von ungefähr erhebt; und auch daß sie gerade jetzt laut wird, muß von Bedeutung sein. Freilich ist der Doktor Sepulveda ein treuer Diener, ich möchte ihn nicht missen an seinem Ort, doch an diesen Ort muß er gewiesen werden, an die zweite, nicht an die erste Stelle. Er ist nicht so frei, wie du es bist – als Knecht Christi. Wer neben ihm steht, muß die Dinge sehen wie er und muß ihm recht geben. Wer höher steht, nicht.«

Karl schwieg und blickte in das Dunkel des anstoßenden Raumes: »Die Welt ist sehr finster geworden«, sagte er unvermittelt, »meine Ahnen hatten ein helleres Leben und Wirken. Was meinst du wohl, was das Furchtbarste an diesen Zeiten ist?« – »Das Furchtbarste ist«, erwiderte Las Casas, »daß Tag für Tag unzählige Seelen von der Welt scheiden, die nach menschlichem Ermessen nicht mehr heimfinden zu Gott.« Der Kaiser sann nach: »Ja, das ist es, wir stehen auf einer Insel, und von allen Seiten wird das Land weggerissen, und mit ihm werden uns Güter und Menschen entführt, die wir nie mehr erblicken werden. Und doch habe ich als König das ganze Land mit all seinen Menschen vom Herrn empfangen, damit ich es verwalte und ihm zurückgebe. Höre, Vater Las Casas, ich will das Letzte versuchen. Ich habe vor Algier mit den Ungläubigen gekämpft – nicht so glücklich, wie ich hoffte, nur noch weniges glückt uns ganz –, aber doch ernst genug, um der Welt zu zeigen, worum es geht. In wenigen Tagen will ich nach Deutschland; der Reichstag ist nach Regensburg berufen; ich will sehen, was guter Wille vermag, ja ob guter Wille da ist und ob es möglich ist, den Streit der Christenheit zu stillen. Ich will nicht siegen, sondern versöhnen. Aber es muß jetzt geschehen, denn ich weiß nicht, wie lange meine Kraft noch ausreicht und diese beiden Arme die auseinanderstrebenden Hälften der Welt zusammenhalten können.

Diese große Hoffnung ist mir aufgegangen«, sagte der Kaiser lebhaft, »ich will und ich muß ihr treu bleiben, ich will mich nicht niederzwingen lassen, und selbst die Klügsten will ich in dieser Sache nicht mehr fragen, bis ich mit eigenen Augen gesehen habe, was noch geschehen kann. Denn der Kardinal deutete wohl an, daß es gefährlich werden könne, gerade jetzt, da wir vor der äußersten Anstrengung stehen, Reformen in den Neuen Indien durchzusetzen. Ich denke nicht so. Um das Gewicht einer jeden Last, die wir abwerfen, muß unsere Kraft doch wachsen. Und ich will und ich kann diese furchtbare Last nicht mehr tragen. Sie darf auf die Krone meiner Väter nicht mehr drücken. Soll ich all die Greuel hinter mir

herschleppen, von denen du sprichst, ich, der Schutzherr der
Christenheit? Ich will rein sein zu meinem größten Geschäft.
Und ich möchte nicht einmal enden müssen wie Cortez, der
wieder gutmachen will, nun, da es für ihn zu spät ist. Aller
Rat hilft nichts, wir müssen Gott fragen.« Der Kaiser deutete
auf eine Glocke, die Las Casas bewegte; hastig ergriff er ein
Schriftstück, das ein Eintretender reichte. »Dies«, sagte der
Kaiser, die Papiere in vor Erregung zitternder Hand haltend
und sie dem aufs höchste überraschten Mönch reichend, »sind
die Neuen Gesetze. Lies und bedenke sie; es ist nichts Gerin-
ges. Ich will die Indios frei machen.«
Tränen brachen aus den Augen des Las Casas; er sprang auf,
nahm das Papier, versuchte zu lesen, vermochte es aber nicht.
Plötzlich stürzte er zu des Kaisers Füßen nieder und ergriff
seine Hand, um sie zu küssen. »Nie, nie, nie habe ich im Innersten zweifeln können an dir. Ich kannte deinen Sinn, und
doch hast du mich tausendfach beschämt.« Und auf die ent-
schiedene Nötigung des Kaisers sich wieder erhebend, rief er:
»Nun ist es gut, das Feuer ist angezündet, es kann nicht mehr
ausgelöscht werden, und wenn sich alle Stürme der Welt dawider empören. Nun sind die Indios Menschen, und das Unrecht ist ins Herz getroffen, es muß weichen, und wenn es sich
an einem jeden Pflanzer und Goldgräber festklammern wollte.
Von jetzt an wird dein Volk gesunden.«
Aber der Kaiser gewann über dem Anblick dieser stürmischen
Freude seine Gelassenheit zurück: »Nicht so«, sagte er leise,
mit nassem Auge, »Wollen und Vollbringen sind weit ge-
trennt. Hier«, fuhr er fort, mit dem Knöchel auf das Buch
klopfend, »in dem Büchlein des Thomas a Kempis finden wir
vielleicht ein besseres Wort.« Er hielt die Brille vor die Augen
und las langsam: »»Denn ohne Kampf kannst du die Krone
der Geduld nicht erlangen. Wenn du nicht leiden willst, so
sprichst du zur Krone: Nach dir begehre ich nicht. Wenn du
aber die Krone willst, so kämpfe wie ein Mann und leide wie
ein Held.« Was meinst du wohl, Vater Las Casas, wenn auch

das zu dem uns zugemessenen Leiden gehörte, daß wir uns vor uns selbst zum Schwersten überwinden müßten und dieses Schwerste dann doch in der Welt nicht vollbringen dürften? Und es ist so schwer für einen Statthalter, sich immer damit zu getrösten, daß Gott allein die Absicht mißt! Und wie glaubst du, daß meine Untertanen in den Neuen Indien mich hassen werden, wenn sie diese Gesetze lesen?«

»Viele werden dich hassen, viele werden dich segnen; der Segen ist stärker. Und die dafür kämpfen, werden auch stärker sein, als die dawider sind.« – Der Kaiser lächelte traurig: »Wo nimmst du, der so Furchtbares gesehen, diesen Glauben an die Menschen her?« – »Nicht an die Menschen, wiewohl ich sie noch nicht verachten kann, aber an das Recht.« – »Vielleicht«, antwortete Karl, »sollten wir nur an das eine glauben: an das Kreuz, das uns überall und in allen Dingen begegnet. Es ist nun mehr als zwanzig Jahre her, seit wir das erste Mal miteinander sprachen«, fuhr er fort, den Mönch wieder einladend, sich zu setzen. »Damals hattest du das große Unrecht eben entdeckt, und ich war ein junger Fürst. Ich wollte helfen, und du wolltest es; heute stehen wir wieder an derselben Stelle. Was sonst haben wir gefunden als das Kreuz? Und doch muß das große Wagnis noch einmal aufgenommen werden in der Neuen Welt wie in der Alten; so wills die Stunde, die mir zugefallen ist. Aber du hast mir im rechten Augenblick das Gewissen dafür geschärft, und ich will dich dafür auszeichnen und mich deiner Hilfe zugleich versichern – selbst«, fügte er in eher schmerzlichem als vorwurfsvollem Tone hinzu, »wenn es die Hilfe an einem untergehenden Reiche wäre. Das Bistum Cuzco in Peru ist ledig; es ist eines der größten des Westens. Ich werde deine Obern benachrichtigen, daß ich es dir übertragen will.«

Las Casas hatte mit wachsendem Schrecken auf diese Worte gehört. »Nur um diese eine Gnade will ich dich noch bitten«, begann er leidenschaftlich, »laß mir das arme Kleid meines Ordens. Ich habe es angezogen nach dem großen Schiffbruch, als meine Hoffnung auf Paria gescheitert war. Lade mir keine Würde, keinen Rang auf, laß mich bleiben, was ich bin, einen unscheinbaren Diener der Diener Gottes. Bewahre mich davor, daß ich geehrt werde um meiner Würde willen und daß verdiente Männer sich vor mir beugen! Müßte dann nicht alles, was ich verfehlt habe oder nicht erreichte, mich brennen und peinigen? Nein, ich verdiene es nicht; und wenn mir etwas noch lieb ist auf der Welt, so ist es dieses rauhe Kleid, das mich vor Hab und Gut, vor Ehre und Namen beschützt.«

»Ich kann dir nicht nachgeben«, sagte der Kaiser, »woher soll ich die Stützen meines Reiches nehmen, wenn solche Männer, in denen dieses Reiches Inhalt lebt, sich mir entziehen? Deinen Glauben soll das Reich ja vertreten, also hat das Reich einen Anspruch auf dich. Und weißt du nicht, daß auch der Rang ein Opfer ist, und vielleicht das größte?« – »Mein Herz hängt an meinen Brüdern, wie soll ich unter sie treten als der mächtigste Bischof des Festlandes?« – »So will ich Sorge tragen, daß du zum geringsten Bischof geweiht wirst; auch das Bistum Chiapa im südlichen Mexiko ist ledig, es ist sehr arm, du wirst kaum ein Haus antreffen, in dem du wohnen kannst, und die Untergebenen werden es nicht gewohnt sein zu gehorchen, die Kolonisten dich mit bösem Haß verfolgen; du bist dem Namen nach ein Bischof, aber vielleicht schlimmer daran als der Pfarrer eines Dorfes in der Estremadura. Nun hast du die Wahl zwischen Cuzco und Chiapa.«

Las Casas zögerte mit der Antwort, noch immer mit dem Ausdruck tiefster Traurigkeit vor sich niederblickend; da neigte sich ihm der Kaiser sachte zu: »Höre, Las Casas, wir wollen eine Art Einverständnis schließen. Dich erwarten nun die schwersten Stunden deines Lebens; denn du sollst nach den Indien fahren und die Neuen Gesetze vertreten – es ist besser, du vertrittst sie mit dem Range eines Bischofs denn als Mönch; du wirst Zorn entfesseln, wo du erscheinst, die räuberischen Land- und Minenbesitzer und die Perlenfischer, die von Elend und Tod der Indios leben, werden dich als den

Hauptschuldigen erkennen. Vielleicht werden sie dich in Santo Domingo nicht einmal landen lassen, vielleicht in den Straßen erschlagen wollen. Aber es ist meine Hoffnung, daß sie vor der Ermordung oder Mißhandlung eines Bischofs doch zurückschrecken; nicht meine Macht, nur die Weihe kann dich beschirmen.

Auch ich gehe meinen schwersten Tagen entgegen. Freilich, Tod und Mißhandlung habe ich noch nicht zu fürchten, aber sonst ist wohl nichts, das mir meine Gegner nicht zufügen möchten. Doch mehr als alles andere fürchte ich das Schicksal meiner letzten Hoffnung. Ich fürchte noch mehr« – er sah lange sinnend nieder, dann hob er den Kopf, als ob er in eine weite entlegene Ferne lausche – »das Müdewerden meiner Kraft, das Verlangen nach einer großen Stille. Als du vorhin flehtest, dein Gewand behalten zu dürfen, verstand ich dich wohl, obgleich ich dich um das meine nicht so bitten könnte wie du. Eher schon – könnte ich um das deine bitten.« Er sprach, als wolle er nach einem jeden Worte abbrechen: »Es ist eine Kraft in dem Gedanken – daß andere aushalten neben uns – solange wirs selber tun.« Las Casas beugte sich erschüttert über die Hand des Kaisers. »Bischof von Chiapa«, sagte dieser lächelnd, »armer Bischof von Chiapa!«

Das Feuer war niedergebrannt. Hinter dem Fenstervorhang zeigte sich zögernd der Tag an, und auch der große leere Arbeitsraum neben dem Gemach füllte sich mit Dämmerlicht, das sachte hereinsickerte. Die Uhren des Palastes schlugen durch das Schweigen. »Es ist Tag«, sagte der Kaiser frierend. Nach einiger Zeit befahl er, den Prinzen Philipp zu rufen. Dieser kam, ein schmaler, blasser Knabe, doch vom Anstande eines Jünglings; er beugte sich ehrfürchtig vor dem Kaiser. »Ich habe dem Vater Las Casas«, begann Karl, »die Neuen Gesetze übergeben. Du weißt, was sie bedeuten. Die Verhältnisse in den Kolonien werden dadurch völlig umgewandelt werden; da aber die Menschen am Hergebrachten hängen – und sei's auch am hergebrachten Unrecht –, so werden sie sich mit allen Kräften gegen die Gesetze wehren. Vielleicht müssen wir froh sein, wenn sie sich Schritt für Schritt verwirklichen lassen; – vielleicht werden wir noch weniger erreichen. So fest unser Wille ist, so viel Geduld müssen wir doch auch haben mit der Schwäche und dem Unverstand der Menschen, so viel Nachsicht mit den Umständen, die niemals an zwei Orten dieselben sind. Aber wir dürfen nicht davon ablassen, aus Heiden Christen zu machen und das Unrecht durch das Recht zu verdrängen. Der Vater Las Casas hat uns einen großen Dienst erwiesen; vergiß das nie. Auch wenn Menschenwille zu schwach sein sollte, das Begonnene durchzusetzen, darfst du das nicht vergessen. Ich überlasse dir für die Zeit meines Aufenthaltes in Deutschland die Regierung Spaniens in einem sehr ernsten Augenblick. Erinnere dich des Vaters Las Casas, wenn du die Meinung eines aufrichtigen Mannes hören willst.«

Die hellen, aber undurchdringlichen Augen des Prinzen ruhten während dieser Worte unbeweglich auf dem Vater; er dankte; dann wandte er sich an den Mönch: »Ich wünsche sehr vieles von dir zu erfahren und zu lernen, ehrwürdiger Vater. Wenn du so gut sein willst, so antworte mir weitläufig auf die Fragen, die ich an dich richten werde, und ermahne mich auch, wenn es dir angemessen scheinen mag, im Geiste meines kaiserlichen Herrn. Ich möchte seinem Willen aus ganzem Herzen und mit allen meinen Kräften gehorsam sein; aber ich bedarf der Hilfe erfahrener und frommer Männer dazu, vor allem der deinen.« Las Casas versprach bewegt seine Dienste.

Die Blicke des Kaisers hingen an dem Mönch und an seinem Sohne, der in ehrerbietiger Haltung vor dem greisen Dominikaner stand; dann ergriff Karl das Buch des Thomas a Kempis und reichte es dem Prinzen mit einem Lächeln: »Das letzte Mal, in der Disputation, hat mich der Vater Las Casas belehrt über mein weltliches Amt und seine Nichtigkeit; heute hätte ich beinahe ihn über sein geistliches Amt belehrt; aber unser

140

beider rechter Lehrer spricht aus diesem Buche, wir wollen ihn zum Schlusse noch einmal hören. Lies uns aus dem dritten Buche den Anfang des siebenundvierzigsten Kapitels.« Prinz Philipp las: »»Mein Sohn, laß dich durch die Lasten, die du um meinetwillen auf deine Schultern genommen hast, nicht mutlos und durch die Drangsale, die dich umgeben, nicht trostlos machen. Sieh nur auf meine Verheißung hin. Sie soll dir bei jedem Ereignisse Mut und Trost in die Seele legen. Ich bin ja reich und mächtig genug, dir für alles, was du tust und leidest, eine Vergeltung zu schaffen, die allen menschlichen Maßstab weit übersteigt. Deine Arbeit hier wird nicht mehr lange währen, und die Schmerzen, die dich jetzt zu Boden drücken, werden bald ausgeschmerzt haben. Harre noch eine kurze Weile, und du wirst das Ende aller Plagen schnell kommen sehn. Es wird doch noch eine Stunde kommen, in der es heißen wird: nun ist alle Arbeit und alle Unruhe zu Ende. Klein ist doch alles und von kurzer Dauer, was zeitlich ist und deshalb mit der Zeit vorübergeht.«« »Das«, sagte Karl, »ist freilich ein Wort, das besser für den Vater Las Casas und mich paßt als für dich. Aber der Meister spricht immer ins Herz. Und vor einem jeden Werke tun wir gut, sein und unser Ende uns vorzustellen, als sei es schon da. Das schmerzt wohl am Anfang; später ists unser Trost.« Damit erhob er sich, die schmale Gestalt straffend. »Ich werde dich nicht mehr sehen vor meiner Reise«, sagte er zu Las Casas, als dieser Abschied nahm; dann nickte er, neben dem erloschenen Kamin stehend, dem Prinzen und dem Mönch noch einmal zu, die ihn Seite an Seite verließen.

Noch auf dem Wege nach San Gregorio berichtete Las Casas dem jungen Priester von der Entscheidung, die der Kaiser getroffen hatte, er werde, sagte der Mönch, nun mehr und bessere Helfer nötig haben als jemals, aber er könne nicht glauben, einen zu finden, in dessen Herzen ein schönerer Eifer brenne. Doch kostete es ihn eine Überwindung, im Kollegium den Obern und den Brüdern die große Nachricht mitzuteilen; es schien, der Sieg habe ihn noch ernster gemacht, ja er bedrückte ihn, und mit offenbarer Scham erzählte er, daß der Kaiser ihn zum Bischof von Chiapa vorgeschlagen habe. Gleich darauf zog er sich in seine Zelle zurück, zu der nur sein Beichtvater, der Bruder Alonso, Zutritt hatte. Oft schallte die laute, derbe Stimme des tauben Paters auf den Gang, so daß die Vorübergehenden, ohne es zu wollen, zu ihrem Erstaunen harte Verweise zu hören bekamen, wie etwa, daß der Vater Las Casas kein Erbarmen von Gott erwarten könne, wenn er sich der Indios nicht mit größerer Liebe annehme. Oder ob er wohl glaube, seine Seele zu retten, wenn er die ihm anbefohlenen Seelen verkommen lasse?

Nur wenige unter den Mönchen mochten es begreifen, daß ein Mann, der mit beispielloser Anstrengung während eines langen Lebens ein Ziel verfolgt hatte, so wenig Siegesfreude zeigte, als er dieses Ziel endlich erreichte. Unterdessen besprachen die Brüder die Neuen Gesetze auf das eifrigste, in deren Verkündung sie mit Rechte eine der höchsten Wirkungen ihres Ordens erblickten: das von nun an unter keinerlei Vorwand, auch nicht dem der nötigen Bestrafung oder Bekämpfung eines Aufstandes, Indios zu Sklaven gemacht werden könnten; daß niemand sie gegen ihren Willen zu Diensten gebrauchen durfte, vor allem, daß sie als Vasallen der spanischen Krone unmittelbar unter deren Schutz ständen und dieser auf keine Weise entrissen werden könnten, erschien als der vollkommene Sieg der Sache, die vor mehr als drei Jahrzehnten von den ersten mutigen Dominikanermönchen und einigen Franziskanern auf Haiti ergriffen worden war. Vielleicht hätten einige Mönche gewünscht, daß alle Indios, die von den Vizekönigen und Gouverneuren den Spaniern zugeteilt waren, sofort in Freiheit gesetzt werden sollten; indessen, die ungeheure Zerrüttung aller Daseinsbedingungen, der Bodenbewirtschaftung wie des Handels in den Kolonien, die auf eine solche Umwälzung hätte folgen müssen, ließ die

Gesetzgeber eine langsame Umwandlung anstreben: neue Zuteilungen sollten nicht mehr erfolgen, die zugeteilten Indios ihrem Herrn für dessen Lebensdauer verbleiben, aber von ihm nicht vererbt werden dürfen; dafür sollten die Erben von der Regierung nach deren Einsicht aus den Tributen entschädigt werden, die von den Indios als den Vasallen und Schützlingen der spanischen Krone zu leisten waren.

Dann erwachte die alte Tatkraft in Las Casas; er traf die sehr umfangreichen Vorbereitungen für die neue Ausreise, vor allem, indem er in verschiedenen Teilen Spaniens Priester warb und für deren Unterbringung auf den Schiffen und für ihre künftigen Wirkungsbereiche Sorge trug. Während der mannigfachen Verhandlungen mit den Behörden des Prinzen Philipp rühmte Las Casas wiederholt die Gewissenhaftigkeit und den Ernst des jungen Prinzen, der nach des Kaisers Abreise die Regierung Spaniens mit peinlicher Sorgfalt leitete. Tief bewegt, mit der immer erneuten demütigen Bitte, ihn und seine Sache im Gebet zu stützen, ihn nur jetzt nicht zu verlassen, da er der schwersten Aufgabe diene und die segensreiche Wirkung des gemeinsamen Strebens nach dem Recht bezeugen solle, schied Las Casas von den Brüdern. Er sei nur der unwürdige Vollzieher dessen, was sie durch ihre Gebete von Gott erlangten, sagte er noch einmal, indem er sich am Tore umwendete; dann zog er seiner Straße in Begleitung des jungen Priesters und Comachos, den allein die Ausreise fröhlich zu stimmen schien.

Unterwegs rasteten sie einmal in einem kleinen Kloster Kastiliens; am andern Morgen erschien Las Casas nicht zur verabredeten Stunde, der junge Priester wagte es endlich, ihn zu rufen. Er sei von einer unbezwinglichen Müdigkeit befallen, antwortete der Mönch durch die Tür; er bitte für einen Tag um Geduld und Nachsicht. Am folgenden Morgen zogen sie weiter; vor dem Ordenskapitel in Toledo erschien der Vater der Indios in der vollen Kraft seines Glaubens an seine Sendung. Und nicht anders zeigte er sich in Sevilla, wo er zum

ersten Mal für die Durchführung der Neuen Gesetze eintrat;
er hatte in Erfahrung gebracht, daß einige aus dem Neuen Indien heimgekehrte Spanier Indios als Sklaven in ihren Häusern hielten und forderte gebieterisch deren Freigabe. Freilich
boten die Eigner Verteidiger auf, die einen erbitterten Streit
über die Auslegung der Neuen Gesetze anfachten; es zeigte
sich, daß deren Wortlaut gegensätzliche Deutungen tragen
konnte; alter Haß, der vielleicht nirgendwo tiefer wurzelte
als in der Vaterstadt des Befreiers, schoß wieder empor, um
in ihm die alte Kampfeslust zu wecken.

Seltsam bewegte ihn die Nachricht, daß Cortez nach Jahren
vergeblichen Harrens und Bittens am Kaiserhofe sich entschlossen habe, sich nach Mexiko einzuschiffen. Der Eroberer
sei krank in Sevilla angekommen, unfähig zur Reise; in einem
Palaste in der Nähe sehe er mehr und mehr seine Hoffnungen
hinschwinden, während er dem Seelenheil derer nachgrübele,
die mit ihm gegen die Kämpfer Montezumas gefochten hätten. Auch könne er sich der Sorge um das Heil seines an seinem
Bette weilenden Sohnes nicht erwehren; oft spreche er von der
Frage, welches Recht die Spanier auf die Dienste der Indios
gehabt hätten, dann wieder ermahne er seinen Sohn, das Los
der Untergebenen auf jede Weise zu erleichtern.

Indessen sammelten sich die Priester, die Las Casas geworben
hatte, in der Stadt; an einem sehr ernsten Tage waren sie Zeugen der Bischofsweihe, die ein Neffe des Kardinals Loaisa in
der Dominikanerkirche San Pablo dem Vater der Indios spendete. Mit tiefer Erschütterung empfing Las Casas den Hirten-
stab; als ihn die hohen Geistlichen, die Priester und Ausfahrer
im Schmuck seiner Würde erblickten, mochte ein jeder fühlen, welche Last auf seine Schultern drückte.

Er selbst schien um so schwerer unter ihr zu leiden, je näher
die Ausfahrt rückte. Wohl sah er in San Lúcar mit dankbaren
Blicken die große Schar der mitreisenden Geistlichen, deren
viele von jugendlich-heiliger Freude glühten, den ›Salvador‹,
das für ihn und die Seinen bestimmte Schiff, besteigen; aber

die vielerlei Schmähungen, die ihm in Sevilla, selbst als er nach der Bischofsweihe San Pablo verließ, zugerufen worden waren, Spott und Hohn, die er hier am Hafen, im Gedränge der Ausreisenden und Lastträger, allenthalben spürte, rührten, anders als in früheren Jahren, an sein Inneres. Die Flotte wartete noch auf die Ankunft der verwitweten Vizekönigin Donna Maria de Toledo, die nach Haiti fahren wollte, um die angefochtenen Rechte und Besitztümer ihrer Söhne, der Enkel des großen Kolumbus, zu sichern; Tage verstrichen, in denen die Ungeduld der Indienfahrer, die sorgenvolle Furcht des Herzogs von Medina, des Generals der Flotte, vor einem Umschlag des Wetters wuchsen.

An einem Abend ging Las Casas mit dem jungen Priester und Comacho im sinkenden Lichte an den menschenvollen Schiffen vorüber flußabwärts; nachdem er im stillen lange mit sich gekämpft hatte, konnte er seine Sorgen nicht mehr verhehlen. Er habe, bekannte er, einsichtsvolle Männer gesprochen, denen das Geschick der Indios und Spaniens wie ihm selbst am Herzen läge; sie könnten an die Durchführbarkeit der Neuen Gesetze nicht glauben. Auch müsse er sich immer wieder des Doktors Sepulveda erinnern, den er nach der Abreise des Kaisers auf einer Straße Valladolids getroffen habe; der Doktor sei mit einem bitteren Lächeln der Geringschätzung an ihm vorübergegangen, wie ein Mann, der im Glauben an seine Sache durch eine herbe Erfahrung noch einmal bestärkt worden sei.

Unter diesen Worten kamen die drei Wanderer an eine Landzunge, die tief in die seichte Strommündung ragte; dort waren herangeschwemmte Steine aufgeschichtet und mit einem gewaltigen Holzkreuz bekrönt worden, dessen breite Arme bestimmt schienen, die ausfahrenden oder heimkehrenden Schiffe zu segnen oder zu ermahnen. Las Casas setzte sich auf den Steinhaufen, den Blick auf den dunklen, sich machtvoll ins Meer wälzenden Strom gerichtet, dessen fernes jenseitiges Ufer sich in Morast und wildem Pflanzengeschling verlor.

»Auf der letzten Reise von Valladolid nach Sevilla«, sagte er langsam, »ist mir einmal im Traume gewesen, als ob ich diesen Weg wieder und wieder ziehen müßte und unter der Bürde meines Alters und der Dinge, die ich gesehn. Ich werde vielleicht nach San Gregorio zurückkehren, und der Herr wird noch viele, viele Jahre auf meine Schultern häufen; aber er wird mir nichts nehmen von meiner Last.«

Das Licht glitt über ihn hinweg, er erhob sich und blickte zu dem Kreuze empor, dessen Querbalken noch die Strahlen auffing, während der Stamm schon in den Schatten tauchte. »Daran liegt es ja nicht«, sagte er endlich, leise den Kopf schüttelnd, »daß wir die Welt mit dem Kreuze durchdringen; sondern es liegt alles daran, daß wir über unserer Mühe von ihm durchdrungen werden.« Er wandte sich, und sie gingen schweigend zurück am Strome, der, nun vollkommen verdunkelt, gurgelnd und strudelnd der Mündung entgegendrängte, ungeduldig erwartet vom Meere, dessen Wogenprall der Wind ihnen zutrug.

Am andern Tage fuhr die Flotte aus. Die Schiffe lichteten die Anker und vertrauten sich der Strömung an, die sie ungestüm fortnahm; nur der ›Salvador‹ stockte an der Hafenausfahrt und konnte erst mit harter Mühe freigemacht werden. Dann bewegte der Segler sich schwankend meerwärts zum Erstaunen, ja zum Schrecken der Zuschauer; er legte sich auf die Seite, so daß viele schon den Kiel zu sehen glaubten; endlich füllte der Wind die Segel, und das einsame Schiff des Bischofs von Chiapa strebte, bald hoch emporsteigend, bald wieder sinkend, der schon vorausgeeilten Flotte nach.

DAS GEWISSEN DES ABENDLANDES:
LAS CASAS

Auf einem der schmalen Blätter der Arbeitspapiere zum »Las Casas« steht in roten Lettern »Das Gewissen des Abendlandes: Las Casas«. Damit gibt Reinhold Schneider zu erkennen, welche paradigmatische Bedeutung er diesem Werk zumißt.

Wer dem Ritter Bartolomé de Las Casas vorauszusagen gewagt hätte, welches Schicksal seiner harrte, daß das Leben des Pflanzers und Minenbesitzers ausgelöscht und er mit einem übermenschlichen Einsatz seiner Kräfte das Amt eines »Vaters der Indios« auf sich nehmen müsse, der hätte wohl ein zweifelndes Lächeln von ihm geerntet. Im Kielwasser der Karavellen des Christoph Kolumbus, des Trägers Christi, wie Paul Claudel diesen Namen deutet, über den Atlantik gezogen, wird er in die Gewalttaten der Eroberer verstrickt, bis der Schauder vor ihren Grausamkeiten und Verbrechen ihm die Augen öffnet und er erkennen muß, daß dieses als göttlicher Auftrag verstandene Werk in Menschenuntat verkehrt worden ist. Die Umkehr, die Konversion, die Rückkehr zu den Grundanschauungen christlichen Verhaltens, die Einkehr in die Kirche und ihren Dienst als Priester und Ordensmann des hl. Dominikus deuten den Vollzug dieses Gesinnungswandels an. Damit setzt sein Kampf als Verteidiger der Unterdrückten und Ankläger der Entrechteten ein. Aber um seine Mission als Vater der Indios zum Erfolg führen zu können, muß noch ein Übriges geschehen, muß Las Casas einen Läuterungsprozeß durchschreiten, muß er vor aller Augen sein Gewissen von jeglicher Schuld befreien.

In diesem die Entscheidung vorbereitenden Augenblick seines Lebens läßt Reinhold Schneider in der ersten der »Szenen aus der Konquistadorenzeit« Las Casas vor den Leser treten. Mit dieser Kennzeichnung im Untertitel zu »Las Casas vor Karl v.« entbindet sich der Dichter von dem Zwang zu einer in sich geschlossenen Erzählung und findet die gemäße Form, in die er den ursprünglich für ein weiteres historiographisches Werk erarbeiteten Stoff umgießen kann. Nun er erkannt hat, wie zeitbezüglich der Stoff ist, schafft er sich damit die Möglichkeit, in die geschichtliche Stunde 1937/38 mit den Judenverfolgungen, in die der Umbruch der dreißiger Jahre ihn sogartig gezogen hat, sein Wort zu sagen. In einem Brief, zehn Jahre später geschrieben, heißt es: »Der Stoff bot die Möglichkeit einer grundsätzlichen Auseinandersetzung über den Zwiespalt zwischen Mensch und Staat und die Aufgabe des Christen in einem solchen Konflikt.« Auf doppeltem Wege geht er auf sein Ziel zu, auf persönlichem, personalem, und auf überpersönlichem, staatlichem, beide zueinander führend und ineinander münden lassend.

Mit dieser Übertragung des Geschichtsbildes ins Dichterische wird offenkundig, daß der Einzelne, vor allem der Herausgerufene, nicht aus dem Weltgeschehen herauslösbar ist. Seine Antwort auf die jeweils an ihn gestellte Frage übt ihre Rückwirkung aus auf das Allgemeine. Ehe Las Casas als ein Verwandelter sein Anliegen vor Karl v. vorbringen kann, muß er sich des »geheimen Gewichtes, das sich in unserer Seele gesammelt hat ... und von dem wir uns mit Menschenkräften nicht freimachen können«, entledigen. Nicht der geographische Abstand trennt ihn von seinem Ziel, sondern seine noch nicht in allem überwundene Vergangenheit. Sie tritt ihm entgegen in der Gestalt des Ritters Bernardino de Lares aus Valladolid. Vom Dichter frei erfunden, nicht sonderlich deutlich umrissen, in Allzumenschlichem sich verlierend, wird dessen Auftreten und Eingreifen eher verständlich, wenn man in ihm einen Doppelgänger des Las Casas zu erblicken bereit ist. Mit seiner stoßweisen, nur mühsam ein lähmendes Schweigen durchbrechenden Lebensbeichte weckt er in seinem zunächst noch widerstrebend sich zum Anhören bereit findenden Reisenachbarn – in dieser besonderen Lage als Beichtvater anzusprechen – Erinnerungen an dessen eigene Vergangenheit, an seine Beteiligung an den Untaten der Konquistadoren. Mag er auch solcher Greueltaten, solcher Grausamkeiten, solchen Hinmordens von Wehrlosen sich nicht bezichtigen müssen, so wird ihm im Zerrspiegel dieser Beichte sein eigenes Unrecht um so deutlicher bewußt und die Frage bedrängt ihn doppelt, auf welchem Wege dem ein für allemal Einhalt geboten werden kann. Wenn Bernardino von dem Gift körperlich verzehrt wird, das durch einen Pfeil in ihn eingedrungen ist, so ist auch dies nur Zeichen dafür, wie der Dominikaner-Pater im Verborgensten durch seine sündhafte Vergangenheit betroffen ist. Dieses Verborgenste, oder anders ausgedrückt das Gewissen, in dem beide, Beichtender und Beichtiger, sich verstehend eins wissen, tritt ihnen in seiner ganzen Anfälligkeit und Zerbrechlichkeit in der Gestalt des ebenfalls vom Dichter erfundenen Mädchens Lucaya entgegen. Wortlos bringt es die geheime Mahnung zum Sprechen. Wie ein Licht leuchtet diese Gestalt in die Seelenfinsternis Bernardinos und zurückwirkend in die des Las Casas.

Immer wieder tauchen in diesen Geständnissen die Namen der eigentlichen Verantwortlichen auf, die den Auftrag, die fremden Völker für die Lehre vom Kreuz zu gewinnen, in blutige, von Völkermord begleitete Eroberungskriege verwandelt haben. Selbst für Christoph Kolumbus, der in lauterer Absicht mit einem wahren Sendungsbewußtsein die Fahrt über die Meere angetreten hatte, verkehrte sich dieses Apostolat in irdisches Streben, hatte er doch angesichts der Machtlosigkeit seinen Untergebenen gegenüber und um des Gewinnes für die Könige willen die gepeinigten Völker an die alte Welt verkauft. In dem Machtrausch, der über die Konquistadoren kam, wurden alle Glaubens- und Moralbegriffe über Bord geworfen. Man war der neuen Weltansicht, die sich durch die Entdeckungsfahrten eröffnete, nicht gewachsen. Wie aus heutiger Zeit klingt es, wenn einer der Ordensbrüder des Las Casas feststellt, »für die große Welt sei die Kraft der Menschen viel zu gering«. Unmenschliches durchbricht die seit langem bestehenden Ordnungen und führt zu Untaten, die danach zu rufen scheinen, daß man in den Christen das Heidentum bekämpfen müsse. So stellt sich für Las Casas der gegenwärtige Weltstand dar und erheischt, wie er vermeint, sein Erscheinen vor dem Kaiser. Gilt es doch, ein doppeltes Unheil zu bannen: den Untergang, der den unterdrückten Völkern droht, und die Gefahr, das spanische Volk könne sich seinem Glauben entfremden und sich in Weltlichkeiten verlieren.

Was ihm aber entscheidend die Kraft und den Mut eingibt, unerschrocken von dem Indiorat in Valladolid, zu dem er vom Kaiser beschieden wurde, die Sache der Indios zu vertreten, das ist die Berufung auf sein Gewissen. Nun es sich im Entgegennehmen der Lebensbeichte des Ritters Bernardino geläutert hat – daß dieser aus Valladolid stammt, verstärkt die Verklammerung des Persönlichen mit dem Überpersönlichen der »Szenen aus der Konquistadorenzeit«, bleibt ihm nur noch, sich in der Disputatio von einem letzten Makel zu befreien, von der Aufbietung von Schwarzen als Sklaven zur Ablösung der schwächeren Indios in der Bergwerksarbeit. »Ich befreie mein Gewissen vor der Nachwelt«, ist in einer seiner Schriften zu lesen. Immer wieder meldet es sich zu Worte, dieses Gewissen, durchzieht es die Handlung wie ein Leitmotiv, auf das alles übrige abgestimmt ist und geortet wird. Es ist das Grundthema dieser »Szenen«, das Reinhold Schneider aus den Schriften des Las Casas herausleuchtete und das er in seiner Dichtung zu gleichnishafter Bildlichkeit ausgestaltete. »Sein eigenes Gewissen wie das Gewissen der Könige, der Konquistadoren und Land- und Sklavenbesitzer spielt eine bedeutende Rolle in allen Traktaten und Äußerungen«, heißt es in den Arbeitsaufzeichnungen des Dichters zu diesem Werk. »An das Gewissen appelliert er immer wieder, auf die Forderungen seines Gewissens beruft er sich, so daß man ihn wohl als den Sprecher oder Anwalt des Gewissens bezeichnen darf ... Ja, der Umstand, daß das Gewissen der andern, namentlich der Geistlichen, leidet, ist vielleicht neben dem Mitleid und lebendigem Christentum für ihn zum stärksten Antreiber geworden ... Das priesterliche Gewissen, die Sorge um das Seelenheil der Mitchristen haben also das erste Wort.« Sechzehn Jahre später verdichtet Reinhold Schneider diese aus historischen Dokumenten gewonnenen Einsichten zu der Mahnung: »Sein Gewissen allein kann dem Menschen sagen, was er zu tun hat; es muß freilich ein geordnetes, überwachtes Gewissen sein, das sich verantwortet vor Gott und der Welt. Das Gewissen antwortet auf den Gang der Geschichte; das ist ihr Drama, ihr eigentliches Leben ... Das Drama zwischen Mensch und Geschichte, das Drama des Gewissens, begibt sich heute, wie es sich gestern begeben hat. Wir wissen, daß wir die Freiheit haben, Ja und Nein zu sagen. Wie könnte uns sonst unser Gewissen verklagen?« Unter den beispielhaften Umständen für solche Gewissensbewährung erwähnt er in dem Nachwort zu der persönlich zusammengestellten Auswahl »Geschichte und Gewissen« auch die Befreiung der von den Europäern versklavten Neger und Indios.

Las Casas, nun er den schweren Gang antritt, um sich dem Streite mit dem Staatsrechtslehrer Ginés de Sepulveda vor dem Indiorat zu stellen, vertraut darauf, daß es ihm gelingen wird, über die gegeneinander stehenden Argumente hinweg das Gewissen Karls v. zu erreichen. Aus solcher Berufung auf diese Gewissensmacht erwächst ihm die Zuversicht, daß er die Sache seiner Indios, ihre Befreiung aus der Unrechtsherrschaft und Versklavung, beim Kaiser erwirken wird, daß er ihn dazu bewegen könnte, die »Neuen Gesetze« endlich zu verkünden. Seit er in einem Pfingstgottesdienst auf die Worte aus Jesus Sirach gestoßen ist: »Den Sohn opfert vor den Augen des Vaters, wer eine Gabe darbringt vom Gute der Armen. / Ein kärgliches Brot ist der Lebensunterhalt der

Armen; / wer es ihnen verwehrt, ist ein Blutmensch. / Ein Mörder seines Mitmenschen ist, wer ihm den Unterhalt wegnimmt, / und Blut vergießt, wer dem Arbeiter den Lohn vorenthält«, seitdem hat ihn eine Unruhe erfaßt, die ihn an der Rechtmäßigkeit der bestehenden staatlichen Ordnung zweifeln und ihre Aufhebung und Ersetzung durch die Gebote der überweltlichen Ordnung als das erstrebenswerte Ziel erscheinen läßt.

Den Auftrag, den er mit der Unterstellung seines Lebens unter Gottes Wort empfangen hatte, den galt es nunmehr durchzusetzen. Von ihm durchdrungen, kannte sein Eifer keine Grenzen. Selbst als er vor der Heftigkeit erschrak, zu der er sich hatte hinreißen lassen, durfte er sich immer noch um der heiligen Sache willen, für die er stritt, gerechtfertigt fühlen. Ja, es bedurfte dieses äußersten Einsatzes, wenn er den, wie es schien, festgefügten Wall der gegnerischen Argumente durchbrechen und er, der schlichte Mönch, den Staatsrechtslehrer, offiziellen Historiographen und Ratgeber seines kaiserlichen Herrn bezwingen wollte. In diesem hatten sich Vorstellungen aus der Welt der Antike von dem Vorrecht höher gearteter, höher entwickelter Völker über die Barbaren zu Wort gemeldet. Wenn das fatale Wort von den höheren Rassen sich in die Auseinandersetzung einschleicht, so wollte der Dichter aus dem Zeitgeschichtlichen auf das Tagesgeschehen der Entstehungsjahre seiner »Szenen aus der Konquistadorenzeit« verweisen in der Vorahnung dessen, daß über die Judenverfolgungen hinaus, die er damit anzuprangern suchte, unter solchen verführerischen Parolen noch weiteres Unrecht mit dem Überfall auf die Tschechoslowakei in Gang gesetzt und dies alles nur der Auftakt zu noch Schlimmerem wäre. Eine Lawine von kaltblütig vorberechneten Greueltaten war ins Rollen gebracht, die noch immer in Europa, Asien, Afrika, Südamerika Menschenmassen, ganze Völker unter sich begräbt, da ihr Unterdrückungsvokabular, in Bewegung gehalten durch Ideologien in einer sich bis ins Letzte verweltlichenden Welt, jedes Wort aus einer andern Welt, aus unverrückbaren Ordnungen, übertönt und keine Korrekturmacht zu erkennen ist.

Zwangsläufig leitet sich daraus die Rechtfertigung ab für die gewaltsame Durchsetzung staatlicher Ordnungsvorstellungen. »Recht ist, was mir nützt«, diese im Tausendjährigen Reich pervertierte Begründung des Staatsrechts schleicht sich zwischen die Zeilen der Verteidigungsreden Sepulvedas ein. Geblendet vom Glanz des Spanischen Reiches auf der Höhe seiner Machtentfaltung, erblickt dieser den Auftrag seines Landes darin, eine solche Ordnung der Welt aufzuerlegen. Der Welteroberungsanspruch, der mit den Erfolgen der ersten Ausfahrten des Christusträgers Kolumbus über die Spanier gekommen ist, hat alle Maßstäbe verschoben, nicht anders als in den dreißiger Jahren dieses Jahrhunderts in Deutschland und heutigen Tages durch die technische Eroberung des Weltraumes. Gewiß, noch sind nicht alle Dämme geborsten, Sepulveda hat den Sendungsauftrag, das Apostolat Spaniens nicht aus dem Auge verloren, im Gegenteil, die Bekehrung der bezwungenen Völker ist das letzte Ziel, aber im wörtlichen, nicht im höchsten Sinne. Sie ist das Endziel dieser neuzeitlichen Kreuzzüge – lebte doch Christoph Kolumbus in dem Wahn, das Gold der fremden Völker werde dazu dienen, die heilige Stadt, Jerusalem, zu befreien –, die aber mehr zum Ruhme Spaniens, zur Bestätigung seiner Vorrangstellung als zum Ruhme Gottes dienen sollten. Eine Macht, die auf die Gnade verzichten zu können glaubt, denkt nur in irdischen, in staatlichen Begriffen und verliert die Verankerung des Gemeinwesens in einer übernatürlichen Ordnung aus den Augen. Ihr werden alle Mittel, auch die schlechtesten und verwerflichsten, recht. Und zu ihrer Rechtfertigung bedient sie sich jeglicher sich anbietender Beweisführung. »Gelehrsamkeit läßt sich an jedes Roß hängen«, auch dies ein seltsam erinnerungsträchtiges Mahnwort des Dichters, das seinen Warnklang nicht verloren hat.

Angesichts dieser Vermessenheit, die sich über alle Grundgebote hinwegsetzt und mit Hervorhebung staatlicher Ordnungsnotwendigkeiten droht, sieht Las Casas sich zum höchsten Einsatz herausgefordert, um bei den Verantwortlichen, vor allem beim Kaiser selber Gehör zu finden. Die Spanier sieht er nicht minder gefährdet als die Indios, seine Schützlinge, deren Sache hier im Indiorat zu vertreten sein vordringliches Vorhaben ist. Für ihn aber kann Recht nur sein, was sich aus der Gnadenordnung ableiten läßt. Durch sie wird sanktioniert, eben geheiligt, was von Urzeiten her dem Menschen rechtens zusteht und sein Menschsein auszeichnet. Mit dieser Rückverweisung auf das Naturrecht, das erst innerhalb einer christlichen Rechtsordnung seine volle Kraft erlangen kann und das Staatsrecht auf seine Wirkungsgrenzen verweist, wirft Las Casas die Forderung auf Nachachtung der Menschenrechte schlechthin auf. Aus dieser Sicht erst kann er die Forderung nach Gleichberechtigung für die Indios erheben, um ihres Menschseins willen. Mit ihrer Mißachtung wurde der Sendungsauftrag Spaniens, wird der Anspruch auf das Apostolat, auf das Bekehrungswerk, als von Gott aufgegeben, in Frage gestellt. Nicht mit dem Schwert ist es zu verwirklichen, nicht mit dem Blut von Helden, sondern mit dem von Märtyrern muß es besiegelt werden. Mit dem Einsatz unreiner Mittel, dem auferlegten Zwang, der gewaltsamen Bekehrung ist nicht nur das Ziel verspielt und verfehlt. Denn mit der Schuld, die sich der auflädt, der so handelt, fügt er nicht nur sich selbst, sondern dem Christentum Schaden zu, hier Spanien mit seinem Anspruch, das allerchristlichste Volk auf Erden zu sein. Aus dieser gegenseitigen Heils- und Unheilsverflechtung, aus der Solidarität der Menschen untereinander, die im Zeitalter der weltweiten Verkehrsverklammerung erst jetzt als unabdingbare Gegebenheit ins allgemeine Bewußtsein zu dringen beginnt, von Las Casas aber zu seiner Zeit bereits in ihren Auswirkungen erkannt war, drängen sich die Folgerungen auf, zum Guten wie zum Schlechten. Lange genug, bis in die heutige Zeit, hat mit der Auflösung des europäischen, durch die Habsburger Monarchie zusammengehaltenen Staatengefüges der Kampf um Vormachtstellungen mit dem nicht nur unterschwellig sich meldenden Dünkel der Höherwertigkeit das Gefühl für die Solidarität der Völker unter sich übertönt, am lautstarksten um die Zeit der Niederschrift der »Szenen aus der Konquistadorenzeit«, ohne darum seither zu verstummen, sondern im Gegenteil sich in Machtblöcken zu verzementieren.

Las Casas aber ist es damit, daß er die tragischen Folgen für Spanien aus der Mißachtung der Menschenrechte und der schicksalhaften Verknüpfung der fremden Völker mit dem Mutterlande dramatisch beschwört, offensichtlich gelungen, das Ohr des Kaisers und damit dessen Gewissen zu erreichen. Auf der Erkenntnis seiner Verantwortlichkeit für beide, für Spanien und die Indios gründet sein Entschluß, den »Neuen Gesetzen« endlich Rechtskraft zu verleihen und ihre Anwendung zu verfügen. Was in der öffentlichen Auseinandersetzung vor dem Indiorat im heftigen Wortwechsel der beiden Gegner, Las Casas und Sepulveda, nicht ausgesprochen werden konnte, das findet in der Stille des nächtlichen Gespräches, zu dem der Kaiser den Dominikanerpater aufs Schloß beschieden hat, als verborgenste Einsicht der beiden seinen Ausdruck. Las Casas steht nicht mehr vor Karl v., nicht einmal neben ihm. Die Stimme seines Gewissens und diejenige des kaiserlichen Gewissens sind eins geworden, sie sprechen nur noch eine, die gleiche Sprache. Sie sprechen sie in einer späten Stunde, spät nicht nur zeitlich, sondern auch geschichtlich, vielleicht bereits in einer zu späten Stunde. Denn vor ihrem inneren Auge zeigen sich jäh die Zeichen des Unheils, erahnen sie, wie die gewaltsame Glaubensverbreitung die Mitschuldigen entseelt und dem Glaubensabfall in ihrer Abgestumpftheit Vorschub leistet. »Das Furchtbarste ist, daß Tag für Tag unzählige Seelen von der Welt scheiden, die nach menschlichem Ermessen nicht mehr heimfinden zu Gott«, erwidert Las

Casas auf die Frage des Kaisers, was das Furchtbarste sei. Es ist die unausbleibliche Unheilsfolge auf alle Untaten, auf die Reinhold Schneider mit seinem »Las Casas vor Karl v.« hinweisen wollte, und die seither um sich greift, ganze Länder und Erdteile verwüstet und nur die schwache Hoffnung zurückläßt, daß nach dem Gesetz der kommunizierenden Röhren dem Übermaß an Schuld und Ungnade ein Übermaß an Gnade die Waage halten möchte. Aber ohne das Rechtsbewußtsein des Las Casas, das ihn hieß, auf jede Gefahr hin dem Zeitgeist entgegenzutreten, wären die »Neuen Gesetze« toter Buchstabe geblieben.

So kann Reinhold Schneider sein (unveröffentlichtes) Nachwort zu einer Ausgabe des Tagebuches des Kolumbus von seiner ersten Reise für die spanischen Könige, »Kolumbus und Las Casas«, in die Feststellung münden lassen: »So trug der Bischof von Chiapas das Ethos des Glaubens in die Geschichte, als es ihr am nötigsten war; er tat es mit der Kraft einer Persönlichkeit, die dem Absoluten verpflichtet war und von ihm her geformt wurde. Gewiß war er nicht allein, weder in seiner Umwelt, noch in der Nachwelt; lebte und wirkte er doch für das Unveränderliche, dessen ruhig waltender Kraft sich die Menschen nie völlig entziehen können. Aber seine Entscheidung liegt doch darin, daß dieses Unveränderliche seinen Sprecher findet mitten in der Geschichte, und daß dieser sein Wort mit seinem Leben bezeugt.« Mit diesem Einsatz wurde »Las Casas das Gewissen des Abendlandes«.

Edwin Maria Landau

Reinhold Schneider
im Insel Verlag und im Suhrkamp Verlag

Gesammelte Werke in zehn Bänden. Herausgegeben im Auftrag der Reinhold-Schneider-Gesellschaft von Edwin Maria Landau. Insel Verlag. Leinen

Band 1: Camoes oder Untergang und Vollendung der portugiesischen Macht. Philipp II. oder Religion und Macht
Band 2: Das Inselreich. Gesetz und Größe der britischen Macht
Band 3: Der große Verzicht. Erzählungen. Das Drama
Band 4: Zeugen im Feuer. Erzählungen
Band 5: Lyrik
Band 6: Dem lebendigen Geist
Band 7: Geschichte und Landschaft
Band 8: Schwert und Friede
Band 9: Das Unzerstörbare. Religiöse Schriften
Band 10: Die Zeit in uns. Verhüllter Tag. Winter in Wien

Gesammelte Werke. Herausgegeben im Auftrag der Reinhold-Schneider-Gesellschaft von Edwin Maria Landau. suhrkamp taschenbücher

Band 2: Philipp der Zweite oder Religion und Macht. st 1412
Band 3: Das Inselreich. Gesetz und Größe der britischen Macht. st 1413
Band 6: Erzählungen I. st 1416
Band 8: Gedichte. st 1418
Band 9: Dem lebendigen Geist. st 1419
Band 11: Schwert und Friede. Essays. st 1421

Einzelausgaben

Der Balkon. Aufzeichnungen eines Müßiggängers in Baden-Baden. Mit einem Nachwort von Pirmin A. Meier. st 455

Las Casas vor Karl V. Szenen aus der Konquistadorenzeit. Mit einem Nachwort von Edwin M. Landau. BS 622 und st 1722

Lektüre für Minuten. Gedanken aus seinen Büchern und Briefen. Auswahl und Nachwort von Pirmin Meier. Gebunden

Macht und Gnade. Gestalten, Bilder und Werte in der Geschichte. Leinen

Portugal. Mit einem Nachwort von Peter Berglar. st 1073

Die silberne Ampel. Roman. BS 754

Tagebuch 1930-1935. Redaktion und Nachwort von Josef Rast. Im Auftrag der Reinhold-Schneider-Gesellschaft herausgegeben von Edwin Maria Landau. Leinen

45/1/8.89